500 Spartipps

500 Spartipps

Marc Deschka

Wie Sie Zeit,
Geld und
Nerven sparen!

EDITION XXL

Vorwort

Jeden Tag geben wir mehr Geld aus, als uns eigentlich lieb ist. Hierbei sind es nicht unbedingt die „großen“ Investitionen, die ein Loch in unsere Haushaltskasse reißen, sondern vielmehr kleine und oft unterschätzte Unachtsamkeiten, die kontinuierlich unser Budget schmelzen lassen.
Vielfach wird die Geld vernichtende Wirkung einer Toilettenspülung unterschätzt und auch der tropfende Wasserhahn wird nicht sofort repariert. Kleinigkeiten, denkt man sich. Weit gefehlt!
Gerade diese Kleinigkeiten summieren sich letztendlich im Alltag und lassen unseren Geldspeicher schneller leer werden, als es uns recht ist. Dabei ist Sparen doch so leicht: einfach weniger Geld ausgeben, als man einnimmt!
In diesem Buch wurden daher Spartipps aus nah und fern zusammengetragen, die als Denkanstöße für den Alltag dienen sollen. Manche davon werden Ihnen aus Großmutters Zeiten bekannt vorkommen, sie sind vielleicht im Alltag nur in Vergessenheit geraten. Andere dagegen sind neu oder ungewohnt. Probieren Sie sie doch einfach mal aus. Ihr Geldspeicher füllt sich dadurch

schneller, als Sie es sich je erträumt hätten.
Alle Spartipps haben eines gemeinsam. Sie helfen Ihnen zum einen, sich über Ihre Geldausgaben bewusst zu werden, und zum anderen, sich darüber klar zu werden, dass es für viele Alltagsprobleme ja noch die guten alten Haushaltstipps aus Großmutters Zeiten gibt, die an Aktualität auch im neuen Jahrtausend nichts verloren haben.
Vielleicht kommen Sie angesichts der über 500 Spartipps ins kreative Grübeln und entwickeln neue Ideen, wie Sie im Kleinen sparen können, um sich leichter Ihre großen Wünsche und Träume zu erfüllen.

Marc Deschka

Abfärbende Schuhe

Preiswerte Schuhe färben oft ab. Um sich nicht alle Socken zu ruinieren, sollten Sie die Schuhe daher vor dem ersten Tragen von innen mit Haarspray imprägnieren und anschließend mit einem Tuch ausreiben. So entsteht ein nicht klebender Schutzfilm, der Ihre Socken wirksam schützt.

Abfluss verstopft

Anstelle teurer Abflussreiniger können Sie den Abfluss auch mit Cola oder Sodapulver freisetzen. Cola einfach unverdünnt in den Abfluss gießen und nach kurzer Zeit sind die Rohre wieder durchgängig. Alternativ Sodapulver aus dem Reformhaus verwenden. Geben Sie eine Tasse davon in den Abfluss und spülen Sie mit heißem Wasser nach. Beides ist ökologisch und wesentlich preiswerter als Spezialmittel.

Absatzspuren

Absatzspuren auf glatten Fußböden lassen sich mit Putzmitteln nur schwer entfernen. Mit einem einfachen Radiergummi lässt sich hingegen manche Spur einfach wegradieren.

Abtrocknen

Zum Abtrocknen des Geschirrs verbraucht man regelmäßig große Mengen an Trockentüchern. In einem preiswerten Geschirrkorb hingegen können Sie das Geschirr gut abtropfen lassen. Danach müssen Sie dann nur noch nachpolieren. Das Tuch kann man völlig unproblematisch einige Tage lang verwenden. Neben den Waschkosten für die Trockentücher können Sie auf diese Weise auch jede Menge wertvolle Zeit sparen.

Abwaschen

Ihnen ist sicher schon einmal aufgefallen, dass man nach dem Kochen immer warmes Wasser für den Abwasch braucht. Energie können Sie sparen, wenn Sie nach dem Kochen einfach einen Topf mit Wasser auf die noch heiße Herdplatte stellen. Die Resthitze reicht meistens aus, um das Wasser ausreichend für den Abwasch zu erwärmen. Wenn Sie zudem darauf achten, beim Abwasch immer zuerst Gläser und Besteck zu spülen und sich erst hinterher die fettigen Teller & Co. vornehmen, können Sie alles mit einer Wasserladung erledigen und müssen zwischendurch nicht das Abwasch-wasser wechseln.

Altbauten

Heizkörper in Altbauten sind häufig in Nischen zu finden, die die Wärme aufgrund der dünneren Außenwand leichter nach außen entweichen lassen. Dieser ungewollten Wärmeabstrahlung können Sie leicht mit preiswerten Aluminium-Dämmmatten aus dem Baumarkt entgegenwirken. Bringen Sie die zurechtgeschnittenen Matten einfach zwischen Heizkörper und Wand an. So können Sie Ihren Geldbeutel vor unbeabsichtigten Wärmeverlusten schützen. Wenn Sie keine Aluminium-Dämmmatten bekommen, können Sie auch auf preiswertere Styroporplatten zurückgreifen.

Alufolie

Die praktische Folie lässt sich bedenkenlos mehrmals verwenden. Wischen Sie die benutzte Folie einfach mit einem feuchten Lappen ab und streichen Sie sie danach mit der Hand glatt. Bei stärkeren Verschmutzungen gibt es auch einen hilfreichen Trick: Weichen Sie die Folie einfach in etwas heißem Wasser mit Spülmittel ein. Auf diese Weise kann sie unproblematisch mehrmals verwendet werden.

Ameisen

Ameisen können in der Wohnung zur Plage werden. Wenn Sie die Wege der Ameisen mit Zimt oder Natron bestreuen, vertreiben Sie die unliebsamen Hausgenossen auf preiswerte und ökologische Art.

Angebrannte Töpfe

Verschmutzungen lösen sich fast wie von selbst, wenn Sie einfach zwei Esslöffel Waschmittel in Wasser aufkochen lassen. Auf teure Reinigungsmittel oder Scheuersand brauchen Sie somit nicht zurückzugreifen.

Angebranntes Fleisch

Leicht angebranntes Fleisch müssen Sie nicht wegwerfen. Schneiden Sie einfach die angebrannten Stellen weg und garen Sie das Fleisch in einem anderen Topf zu Ende. Den kleinen „Unfall“ wird so niemand bemerken.

Apfel

Überlagerte Äpfel braucht man nicht wegzuwerfen. Wenn die Schale schon ein bisschen schrumpelig geworden ist, reicht es, die Äpfel ein paar Minuten in heißes Wasser zu legen. So bekommen sie wieder eine glatte Haut. Sollten die Äpfel schon Druckstellen haben, schneiden Sie diese weg und kochen aus dem Rest mit etwas Zucker ein Apfelkompott. Auch die Schale muss man nicht wegwerfen. Diese kann getrocknet und zu einem Apfeltee aufgebrüht werden.

Aquarium

Die Scheiben des Aquariums verkalken leicht und werden dann milchig. Wenn Sie ein Stück Marmor oder Schiefer aus dem Baumarkt mit in das Becken legen, kann das nicht so leicht passieren und Sie sparen teure Reinigungsmittel und aufwändige Wasserwechsel.

Arbeitspausen am PC

Wenn Sie nicht ständig am PC arbeiten, sollten Sie den Computer in den Pausen konsequenterweise ausschalten. Gerade im Stand-by-Modus sind die Geräte wahre Stromfresser, da sie immer noch 70 % der Energie verbrauchen.

Aufkleber

Für die Entfernung alter Aufkleber und Preisetiketten brauchen Sie keine teuren Spezialmittel. Reiben Sie den Aufkleber einfach mit Öl ein und lassen Sie es über Nacht einwirken. Am nächsten Tag lässt sich der Aufkleber ohne Probleme ablösen. Hartnäckige Aufkleber wärmen Sie einfach mit einem Föhn an. Dadurch können Sie sie anschließend viel leichter ablösen. Eventuelle Klebstoffreste lassen sich mit Spiritus entfernen.

Aufschnitt

Bei Wurst- oder Käseaufschnitt sollten Sie den Kilopreis stets im Auge haben. Fertig verpackte Ware ist meist wesentlich teurer als frische Ware von der Theke.

Auftauen

Tauen Sie Ihr Gefriergut am besten immer langsam im Kühlschrank auf. Hierdurch sparen Sie Energie, da der Kühlschrank die Restkälte nutzen kann.

Augenbrauenbürstchen

Spezielle Augenbrauenbürstchen aus der Schmink- und Kosmetikabteilung sind sehr teuer. Eine normale Zahnbürste ist billiger und erfüllt den gleichen Zweck.

Aushang

Sie möchten gerne Waren oder Dienstleistungen anbieten, ohne für ein Zeitungs- oder Internetinserat viel Geld auszugeben? Machen Sie doch einfach mal einen Aushang im Supermarkt, in der Bücherei oder im Lebensmittelgeschäft um die Ecke. Häufig finden Sie hier Pinnwände, auf denen private Aushänge gerne gestattet werden.

Auskunft

Eine Telefonauskunft kostet meist reichlich Gebühren. Billiger kommen Sie auf jeden Fall, wenn Sie über das Internet die aus der Werbung bekannten Anbieter über eine Suchmaschine ausfindig machen und dann auf der entsprechenden Homepage selbst die Fax- oder Rufnummern heraussuchen.

Auslauf-, Ausstellungs- und Vorführmodelle

Sie möchten eine Ware günstiger haben, trauen sich aber nicht zu feilschen? Wenn neue Artikel geliefert wurden, haben die Händler oft noch Restbestände von „Auslaufmodellen“, die abgestoßen werden müssen, da das Lager sonst aus allen Nähten platzen würde. Besonders bei Artikeln der Unterhaltungselektronik, Computern oder Bekleidung lässt sich hier so manches Schnäppchen machen. Sie können den Händler auch nach einem „Ausstellungsstück“ oder „Vorführmodell“ fragen. Auf diese zur Präsentation genutzten, aber meist noch tadellosen Artikel gibt Ihnen der Händler gerne großzügigen Rabatt.

Außenbeleuchtung

Wenn Sie die Außenbeleuchtung Ihres Hauses mit einem Bewegungsmelder kombinieren, geht das Licht nur an, wenn sich jemand in der Nähe der Lampe befindet und das Licht auch wirklich benötigt wird. Da eine Dauerbeleuchtung über die ganze Nacht Unmengen an Strom verbraucht, macht sich die Installation schon nach kurzer Zeit bezahlt.

Autoscheiben

Damit Autoscheiben im Winter nicht zufrieren, brauchen Sie keine teuren Fenstermatten. Ein Stück Pappe von einem alten Karton oder eine alte Decke erfüllen den gleichen Zweck.

Babyflaschen

Ausgediente Babyflaschen müssen Sie nicht wegwerfen oder in der Rumpelkammer verstauben lassen. Sie können hervorragend als Messbecher in der Küche eingesetzt werden. Falls Sie noch einen Schraubverschluss zu der Flasche haben, können Sie sie auch als praktischen Schüttelbecher für Salatdressings & Co. einsetzen.

Backblech

Stark verschmutzte Backbleche lassen sich am einfachsten mit Kochsalz und zerknülltem Zeitungspapier reinigen. Sparen Sie sich teure Reinigungsmittel. Diese ökologische Variante hilft genauso gut.

Bäckerei

Bäckereien bieten meist kurz vor Ladenschluss übrig gebliebene Backwaren für die Hälfte des Preises an, bzw. man bekommt manchmal auch ein paar Teile zusätzlich dazugepackt. Nutzen Sie die Gunst der Stunde!

Backofen

In vielen Rezepten wird tatsächlich immer noch empfohlen, den Backofen vorzuheizen. Hiermit verschwenden Sie jedoch jede Menge teure Energie. Probieren Sie es daher einfach mal ohne Vorheizen. Sie werden sehen, der Kuchen oder Braten wird genauso gut. Sie können es aber noch auf die Spitze treiben: Schalten Sie zusätzlich den Ofen zehn Minuten vor Ende der Back- oder Bratzeit aus und nutzen Sie die Restwärme, um das Gericht zu Ende zu garen.

Backpapier

Backpapier lässt sich ohne Probleme mehrfach benutzen. Werfen Sie verwendetes Backpapier also nicht sofort weg, sondern lassen Sie es einfach für das nächste Mal auf dem Blech liegen.

Badewanne

Bei einem Vollbad in der Badewanne verbraucht man viel mehr Wasser als beim Duschen. Gönnen Sie sich daher ein schönes Vollbad somit immer nur an Ihrem Wellnesstag. Zur herkömmlichen Körperreinigung ist ein Duschbad vollkommen ausreichend.

Bambusmöbel

Besitzen Sie Bambusmöbel? Wenn Sie diese beim Frühjahrsputz mal wieder gründlich reinigen möchten, brauchen Sie keinesfalls ein teures Spezialmittel dafür zu kaufen. Tränken Sie einfach einen Lappen mit Petroleum und reiben Sie die Möbel damit ein. Sie werden sehen, dass die guten Stücke danach wieder in neuem Glanz erstrahlen!

Bananen

Bananen bleiben länger frisch, wenn Sie sie im Kühlschrank lagern. Achten Sie dabei nicht auf die Verfärbung der Schale. Davon dürfen Sie sich nicht irreführen lassen! Auch wenn die Schale leicht braun wird, bleibt die Banane innen trotzdem frisch.

Sollten die Bananen schon überreif sein, kann man immer noch einen leckeren Bananenquark oder eine köstliche Bananenmilch daraus zubereiten.

Barzahlung

In der Regel werden heutzutage teure Artikel mit Kreditkarte bezahlt. Der Händler hat dabei jedoch einen großen Nachteil: Die Kreditkartenfirma verlangt für die Abrechnung normalerweise mindestens 3 % Verwaltungsgebühr. Bieten Sie daher dem Händler eine Barzahlung an, wenn er Ihnen einen Rabatt (Skonto) einräumt. So machen nicht nur Sie, sondern auch der Händler immer noch ein gutes Geschäft.
Ein grundsätzlicher Tipp hierzu: Bezahlen Sie möglichst immer bar und nur in Ausnahmefällen mit Karte oder Schecks. Untersuchungen haben gezeigt, dass die Hemmschwelle des Verbrauchers zum Geldausgeben bei Barzahlung wesentlich höher liegt als bei der Zahlung mit Karte oder Schecks.

Batterien

Batterien sind am günstigsten, wenn man sie in einer Großpackung kauft. Leider trocknen Batterien bei längerer Lagerung gerne aus. Wenn Sie nur selten Batterien benötigen, können Sie diese vor Austrocknung schützen, indem Sie sie im Kühlschrank aufbewahren.

Benzin

Ein Preisvergleich lohnt sich. Bei den unabhängigen oder freien Tankstellen ist der Sprit meist um ein paar Cent billiger als bei den großen Tankstellenketten. Wenn Sie grenznah wohnen, kann es sich durchaus lohnen, mal einen Trip zum Volltanken in das benachbarte Ausland zu machen. Auch hier ist der Sprit häufig billiger als zu Hause. Wenn Sie außerdem Ihren PKW in einem höheren Gang fahren als erforderlich, können Sie bis zu zwei Liter Benzin auf 100 Kilometer einsparen. Insbesondere innerhalb von Ortschaften wirkt sich diese Umwelt schonende Fahrweise positiv auf Ihren Geldbeutel aus.

Besen

Besen und Handfeger mit Naturborsten halten um ein Vielfaches länger, wenn Sie sie vor dem ersten Gebrauch für einen Tag in eine Schüssel mit Salzwasser stellen. Achten Sie aber darauf, dass nur die Borsten und nicht die Holzteile mit dem Wasser in Berührung kommen.

Blätterteig

Reste von Blätterteig sollte man nicht wegwerfen. Wenn Sie sie mit Eigelb bestreichen und dann mit Käse, Kümmel oder Salz bestreuen und mitbacken, ergeben sie einen hervorragenden Snack für spannende Fernsehabende.

Blattläuse

Wenn Sie Blattläuse auf Ihren Zimmerpflanzen haben, reicht es häufig, etwas Zigarettenasche auf die Blumenerde zu geben. Alternativ oder zusätzlich können Sie die Blätter mit Tabaksud einpinseln. So verschwinden die Blattläuse ohne teure Spezialmittel von selbst.

Blaubeerflecken

Durch Blaubeeren verschmutzte Kleidung braucht man nicht unbedingt sofort in die Reinigung zu bringen. In den meisten Fällen hilft es, etwas Zitronensaft auf die Flecken zu geben, sie dann mit Jogurt einzureiben und abschließend wie gewohnt zu waschen.

Blumen

Schnittblumen bleiben länger frisch, wenn Sie sie unten schräg abschneiden und eine Brausetablette Aspirin mit in das Blumenwasser geben. Damit das Blumenwasser lange frisch riecht, geben Sie zusätzlich ein Stück Holzkohle mit in das Wasser, das die unangenehmen Gerüche bindet und darüber hinaus Algenbildung verzögert.

Blumenvasen

Blumenvasen kauft man am besten aus Kupfer. Das Metall gibt antibakterielle Stoffe in das Wasser ab und sorgt so dafür, dass Ihre Schnittblumen länger frisch bleiben.

Blutflecken

Durch Blutflecken verschmutzte Kleidung braucht man nicht unbedingt sofort in die Reinigung zu bringen. In den meisten Fällen hilft es, die frischen Flecken sofort mit kaltem Wasser auszuspülen und dann wie gewohnt zu waschen. Ist der Fleck schon älter, können Sie versuchen, ihm mit Salz und lauwarmem Seifenwasser zu Leibe zu rücken.

Bodylotion mit Duft

Bodylotionen mit dem Duft Ihres Lieblingsparfüms sind meist sehr teuer. Mischen Sie Ihre Lotion daher doch kurzerhand selbst. Dazu müssen Sie nur eine preiswerte, geruchsneutrale Bodylotion kaufen, mit ein paar Spritzern Ihres Parfüms vermischen und anschließend kräftig durchschütteln. Schon haben Sie eine Lotion mit Ihrer Lieblings-Duftnote.

Brillenputztücher

Brillenputztücher sind praktisch, aber teuer. Es ist wesentlich preiswerter, wenn Sie einfach etwas Glasreiniger in ein kleines Fläschchen abfüllen und in Ihrer Handtasche mitnehmen. Mit einem normalen Taschentuch können Sie so jederzeit für klare Sicht sorgen. Man kann die Tücher aber auch schon vorher tränken und beispielsweise in einer flachen Plastikdose mitnehmen.

Brötchen

Damit Brötchen nicht so schnell austrocknen, bewahren Sie sie am besten in einer Plastiktüte auf. Wenn die Brötchen dann am nächsten Tag zu weich für den Verzehr sind, rösten Sie sie einfach auf dem Toaster wieder auf.

Wenn Sie größere Mengen im Sonderangebot erstanden haben, können Sie diese auch gut einfrieren und haben so stets Vorrat an frischen Brötchen im Haus.

Brotreste

Altbackene und trocken gewordene Brotreste bzw. Brötchen braucht man nicht wegzuwerfen. Mit einer Küchenreibe zu Paniermehl verarbeitet, lassen sie sich in der Küche gut weiterverwenden.

Bücher

Bücher muss man nicht unbedingt kaufen. Eine Vielzahl von Büchern kann man in der Bücherei für wenig Geld ausleihen. Insbesondere Romane liest man häufig nur einmal, sodass sich die Anschaffung nicht wirklich lohnt.

Bügelbrett

Wenn Sie das Bügelbrett mit Alufolie bespannen, reflektiert diese die Hitze und glättet die Wäsche gleich von der Unterseite mit. So bügelt sich die Wäsche fast wie von selbst.

Bügeleisen

Mit dem Alter gleiten Bügeleisen nicht mehr so leicht über die Kleidung. Um die Gleitfähigkeit wiederherzustellen, bügeln Sie damit einfach über ein Stück Alufolie.

Bügeln

Viele Sachen müssen nicht unbedingt gebügelt werden. So werden Pullover und Handtücher genauso glatt, wenn Sie sie einfach nur mit der Hand glatt streichen. Eine Variante: Bügeln Sie bei Hemden oder Blusen nur die Stellen, die hinterher auch sichtbar sind, und sparen Sie sich den Rest.

Büroausstattung

Im Rahmen von Konkursversteigerungen werden alle Einrichtungsgegenstände der von der Pleite heimgesuchten Firma versteigert. Wenn Sie also Büromöbel und -geräte zur Ausstattung Ihres Arbeitszimmers brauchen, können Sie hier so manches Schnäppchen machen. Termine für solche Konkursversteigerungen können Sie der Tagespresse entnehmen.

Butter

Wenn Sie Butter nur selten verwenden, teilen Sie diese doch portionsgerecht auf und frieren Sie die Stückchen in der Gefriertruhe ein. Die Butter kann nun nicht so schnell ranzig werden und Sie haben immer küchenfertigen Vorrat im Haus.

Campingartikel

Campingartikel sind nach den Sommerferien am günstigsten. Die Händler müssen jetzt die Ware abstoßen, um für Winterartikel im Lager Platz zu schaffen. Nutzen Sie daher die Gelegenheit, um sich für den nächsten Urlaub preisgünstig einzudecken.

Ceranfelder

Anstatt mit teuren Spezialreinigungsmitteln lassen sich die Ceranfelder auf dem Herd auch hervorragend mit Vaseline pflegen. Diese erhalten Sie für wenig Geld in jeder Drogerie.

Computer

Computer sind heutzutage extrem leistungsfähig. Der Durchschnittsanwender braucht jedoch meist nur einen Bruchteil dieser Kapazität. Überlegen Sie daher, ob Sie unbedingt ein Neugerät brauchen oder ob nicht auch ein gebrauchter Computer Ihren Ansprüchen genügt. Für pure Text verarbeitung und Internetnutzung benötigen Sie keinen Computer der neuesten Generation. Lassen Sie sich daher vor dem Kauf von einem Profi beraten.

Cordbekleidung

Bekleidung aus Cord bekommt durch Waschen in der Waschmaschine leicht Druckstellen und wird dadurch unansehnlich. Wenn Sie die Kleidungsstücke vor dem Waschen jedoch „auf links" drehen, kann das nicht passieren und sie bleiben länger schön.

Crème fraîche

Crème fraîche kann man preiswert selbst herstellen. Einfach einen Löffel Zitronensaft in etwas Sahne geben und umrühren. Nach 15 Minuten ist die wundersame Wandlung vollbracht.

Darlehen

Benötigen Sie vielleicht ein Darlehen? Nichts leichter als das: Fragen Sie doch einfach mal Ihren Arbeitgeber! Dieser kann Ihnen unter bestimmten Umständen einen Kredit mit guten Konditionen gewähren. In der Regel zahlen Sie hierfür keine, in jedem Fall aber wesentlich weniger Zinsen als bei Ihrer Bank. Erkundigen Sie sich doch mal bei dem Personalsachbearbeiter oder Personalrat Ihrer Arbeitsstelle nach einer solchen Möglichkeit. Sie werden erstaunt sein!

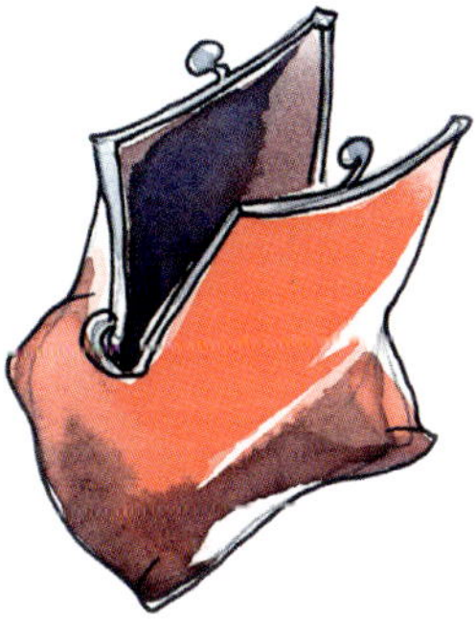

Dauerstromverbrauch

Wenn man einen so genannten „Powersafer“ zwischen Elektrogeräte und Steckdose schaltet, unterbricht dieser die Stromzufuhr, sobald das Gerät in den Stand-by-Modus schaltet. So erspart Ihnen dieses nützliche Gerät den schleichenden Energieverlust im Stand-by-Betrieb. Man bekommt ein solches Gerät im gut sortierten Elektrofachhandel oder in Baumärkten.

Destilliertes Wasser

Destilliertes Wasser für das Bügeleisen muss man nicht kaufen. Stellen Sie einfach einen Eimer auf den Balkon und fangen Sie darin beim nächsten Regenguss das Wasser auf. Wenn Sie das Wasser in eine Flasche abfüllen, haben Sie reichlich Vorrat für die nächsten Bügelsessions. Aber auch alle, die über einen Kondens-Wäschetrockner verfügen, haben praktisch jederzeit zusätzlich einen Vorrat an Bügelwasser. Wenn das Wasser noch heiß ist, also direkt nach einem Trockenvorgang, kann man es sogar zum Abwischen oder Putzen verwenden.

Direktbanken und -versicherungen

Direktbanken ohne Filialen haben häufig deutlich günstigere Konditionen als herkömmliche Banken. Hier gibt es sogar oft Zinsen auf das Girokontoguthaben. Recherchieren Sie diesbezüglich im Internet oder in der Tageszeitung und vergleichen Sie die Angebote.

Direktversicherer ohne Außendienst bieten ebenso oft deutlich günstigere Konditionen als herkömmliche Versicherungen. Auch hier sollte man sich über das Internet oder die Presse informieren.

Direktvermarktung

Wussten Sie schon, dass Obst und Gemüse beim Bauern um die Ecke meist erheblich billiger und frischer angeboten werden als im Supermarkt? Als Direktvermarkter betreiben viele Bauern auf ihrem Hof einen kleinen Laden für den Direktverkauf. Wenn ein Bauernhof sowieso auf Ihrer täglichen Einkaufstour liegt, halten Sie doch einfach mal an und fragen Sie nach den aktuellen Angeboten. Neben der Frische der Waren wird Sie der günstige Preis mit Sicherheit schnell überzeugen.

Dispokredit

Der Dispokredit auf Ihrem Girokonto reißt mit reichlich Zinsen kräftige Löcher in Ihre Haushaltskasse. Vermeiden Sie ihn daher, wo Sie können, und denken Sie rechtzeitig über Möglichkeiten nach, wie Sie Ihr Girokonto wieder aus den roten Zahlen bekommen. Ein frühzeitiges Gespräch mit Ihrer Bank gehört dazu. So können Sie gemeinsam eine Möglichkeit entwickeln.

Druckerpatronen

Alle, die einen Tintenstrahldrucker besitzen, wissen, die Anschaffung des Gerätes ist relativ günstig, doch ein Set Patronen kostet leider oft fast ebenso viel wie der Drucker selbst. Eine Möglichkeit, dies zu umgehen, ist natürlich, sich die bekannten Nachfüllsets zu besorgen. Eine weitere Möglichkeit, Tinte zu sparen, ist aber auch, den Drucker nicht vollständig vom Stromnetz zu trennen. Bei jedem erneuten Einschalten reinigt ein Tintenstrahldrucker nämlich seine Düsen, wobei sehr viel Tinte verbraucht wird. Wenn man nur das Gerät ausschaltet, wird keine Reinigung durchgeführt. Abschaltbare Steckerleisten können Ihnen hierbei helfen.

Druckknöpfe

Wenn Druckknöpfe mit der Zeit ausleiern und nicht mehr so gut schließen, schlagen Sie einfach mit einem Hammer auf den unteren Knopfteil. Dieser wird dadurch leicht auseinander getrieben und der Knopf schließt wieder einwandfrei.

Duftsteine

Die meisten Duftsteine für das Toilettenspülbecken sind leider sehr teuer. Es gibt jedoch eine Möglichkeit, die Ausgaben hierfür dauerhaft einzusparen. Die leere Halterung für die Duftsteine können Sie nämlich problemlos wiederverwenden. Dafür müssen Sie nur alle Ihre Seifenreste sammeln und diese in die Halterung füllen. Sie erfüllen den gleichen Zweck und sorgen genauso für frischen Duft.

Dünger

Pflanzendünger brauchen Sie nicht zu kaufen. Alte Kaffeefilter und Eierschalen oder auch Holzkohlenasche von Ihrem letzten Grillfest geben einen ausgezeichneten Dünger für Ihre Pflanzen ab. Für Zimmerpflanzen ist Backhefe als Zusatz für das Gießwasser viel preiswerter als gekaufter Dünger und düngt Ihre Pflanzen hervorragend.

Dusche

Kochen Sie durch Kalkablagerungen verstopfte Duschköpfe einfach in einer 1:1-Mischung aus Essig und Wasser. So wird der Duschkopf wie neu.

Duschvorhang

Wenn Sie Duschvorhänge vor der ersten Benutzung für einen Tag in Salzwasser einlegen, sind diese besser vor Schimmelbefall geschützt und halten um ein Vielfaches länger.

DVD-Player

Wenn Ihr Computer über ein DVD-Laufwerk verfügt, erübrigt sich der Kauf eines DVD-Players. Über den TV-Ausgang Ihres Computers können Sie den PC mit dem Fernseher verbinden und sich dort Spielfilme & Co. ansehen. Falls dies bei Ihnen nicht möglich ist, gilt auch hier: Preise vergleichen! Überlegen Sie genau, wie oft Sie das Gerät nutzen. Muss es unbedingt ein Markengerät sein oder kommt auch ein No-Name-Produkt infrage? Alle, die einen DVD-Player nur selten nutzen, sollten überlegen, ob es nicht preiswerter ist, das Gerät ab und zu in der Videothek zusammen mit der DVD auszuleihen.

Edelstahl

Wenn Sie Ihre Küchenutensilien aus Edelstahl auf Hochglanz bringen möchten, genügt anstelle eines teuren Spezialmittels auch die Politur mit einer rohen Kartoffelschale. Machen Sie einen Versuch: Nach der Behandlung blitzen und blinken Pfannen und Töpfe wieder wie neu.

Eier

Festgeklebte Eier im Eierkarton brauchen Sie nicht sofort abzuschreiben. Wenn Sie den Karton anfeuchten, lassen sich solche Eier ohne Verluste lösen. Ein angeknackstes Ei verarbeiten Sie möglichst direkt. Wenn Sie es kochen möchten, wickeln Sie es einfach fest in Alufolie. Dann funktioniert es wie gewohnt.

Eierschachteln

Alte Eierschachteln braucht man nicht wegzuwerfen. Sie eignen sich hervorragend dazu, regennasse oder schmutzige Schuhe darauf zu trocknen und sich so eine Teppichreinigung zu sparen.
Sie lassen sich auch ideal als Miniblumentöpfe für Setzlinge oder auch für Küchenkresse verwenden. In jedem Fall: zu schade zum Wegwerfen.

Einkäufe zusammenlegen

Anstatt Schuhe, Möbel usw. einzeln im Geschäft zu kaufen, sollten Sie versuchen, Ihre Einkäufe zu bündeln. Wenn Sie z. B. die ganze Familie mit neuem Schuhwerk ausstatten, lässt sich meist ein beträchtlicher Mengenrabatt beim Verkäufer erwirken.

Einkaufstüten

Einkaufstüten lassen sich problemlos mehrfach verwenden. Um im Bedarfsfall eine Tüte griffbereit zu haben, falten Sie diese klein zusammen und bewahren sie griffbereit in Ihrer Geldbörse auf.

Einkaufswagen

Sie müssen doch sicher häufig nur Kleinigkeiten im Supermarkt kaufen, richtig? Hier ein kleiner, aber wirkungsvoller Trick: Beim nächsten Mal nehmen Sie einfach keinen Einkaufswagen, sondern nur einen der kleinen Körbe, die in Supermärkten für Kunden bereitstehen. Ob Sie es glauben oder nicht, der Wagen verführt nur zum Kauf von Dingen, die Sie ursprünglich gar nicht haben wollten.

Einkaufszettel

Wer ohne Einkaufszettel in den Supermarkt geht, lässt sich in der Regel zu Spontankäufen hinreißen. Also: Planen Sie vorher zu Hause den Lebensmitteleinkauf. Einerseits bewahrt Sie das vor ungewollten Spontankäufen und andererseits vergessen Sie nicht so leicht etwas Wichtiges, das Sie dann nach Ladenschluss für teures Geld an der Tankstelle nachkaufen müssen. Es gehört natürlich die Disziplin dazu, sich dann auch nur an seinen Zettel zu halten.

Eis am Stiel

Eis am Stiel für Kinder lässt sich schnell und preiswert selbst herstellen. Füllen Sie einfach kleine Förmchen wie z. B. Ihren Eiswürfelbereiter mit Fruchtsaft. Danach stellen Sie kleine Eisstiele hinein. Nachdem der Saft gefroren ist, haben Sie immer einen kleinen Vorrat an erfrischenden Eisportionen am Stiel griffbereit. Ihre Kinder werden sich sicher darüber freuen!

Eisbeläge

Tauen Sie Kühlschrank und Gefriertruhe regelmäßig ab, um nicht die entstandenen Eisbeläge durch hohe Energiezufuhr am Leben zu erhalten. Es wird sich auf Ihrer Stromrechnung bemerkbar machen.

Elektrische Geräte

Fragen Sie bei einer Neuanschaffung im Fachhandel nach einem Auslaufmodell. Dieses ist meist deutlich günstiger im Preis als das Nachfolgemodell und nicht weniger gut.

Enteisungsspray

Anstelle von teurem Enteisungsspray für Ihr Autoschloss reicht es in der Regel aus, wenn Sie am Vorabend ein Stück Klebeband auf das Schloss kleben. So kann das Schloss erst gar nicht zufrieren.

Entkalker

Ascorbinsäure (Zitronensäure) aus der Apotheke ist ein idealer und preiswerter Entkalker. Wenn Sie zwei Esslöffel Ascorbinsäure auf einen Liter Wasser geben, haben Sie eine ideale Lösung, um Wasserkocher und Kaffeemaschine umweltfreundlich und preiswert zu entkalken.

Erbschaftssteuer

Wenn Sie viel zu vererben haben, kann der Steuerfreibetrag im Rahmen der Erbschaftssteuer schnell erreicht sein. Um für Ihre Nachkommen hohe Erbschaftssteuern zu vermeiden, führen Sie besser schon zu Lebzeiten so genannte „Schenkungen“ durch. Hierdurch lassen sich die Erbschaftssteuern für Ihre Erben meist komplett vermeiden. Erkundigen Sie sich daher bei Ihrem Finanzamt nach den aktuellen Bestimmungen.

Erdflöhe

Erdflöhe bevölkern gerne die Blumenerde in Ihren Blumentöpfen. Mit dem folgenden Trick können Sie die kleinen Krabbler überlisten: Stecken Sie ein Streichholz mit dem Kopf nach unten in die Erde. Meist verschwinden diese geselligen Tierchen dann innerhalb kürzester Zeit von selbst.

Essensportionen

Kochen Sie immer nur so viel, wie Sie gerade benötigen. Die Erfahrung zeigt, dass man am nächsten Tag ohnehin keine Lust hat, dasselbe nochmal zu essen. Machen Sie sich daher eine Liste mit Mengenangaben für Reis, Spaghetti & Co., um nicht jedes Mal erneut feststellen zu müssen, dass Sie wieder zu viel gekocht haben. Wenn Sie natürlich teure Lebensmittel durch Sonderangebote günstig erstehen, können Sie auch auf Vorrat kochen, portionsweise einfrieren und dann nach Bedarf auftauen.

Fabrikverkauf

Viele Hersteller bieten einen Fabrikverkauf ab Werk an. Hier sind die angebotenen Waren oft wesentlich billiger als im Handel. Zudem kann man beim Fabrikverkauf oft auch Ware zweiter Wahl erwerben, auf die es zusätzliche Rabatte gibt. Grundsätzlich ist jedoch beim Fabrikverkauf zu prüfen, ob die erzielte Ersparnis die Kosten und den Zeitaufwand für die Fahrt zur Fabrik aufwiegt. Meist lohnen sich daher Fabrikverkäufe nur in der näheren Umgebung oder bei Großanschaffungen. Verzeichnisse über Firmen, die Fabrikverkäufe anbieten, findet man in so genannten „Schnäppchenführern" im Buchhandel.

Fahrgemeinschaft

Wenn Sie eine Fahrgemeinschaft mit Arbeitskollegen gründen und sich somit die Fahrtkosten zu Ihrer Arbeitsstelle teilen, können Sie bis zu 75 % der Spritkosten einsparen.

Fahrradpflege

Mit Vaseline eingeriebene Fahrradspeichen rosten nicht so leicht und halten so um ein Vielfaches länger.

Fahrradshopping

Fahrräder sind in der Nebensaison erheblich günstiger. Legen Sie daher Ihren Kauftermin am besten in die Zeit zwischen Oktober und Februar.

Fahrstil

Ein rasanter Fahrstil, bei dem Sie im Stadtverkehr immer versuchen, von Lücke zu Lücke zu springen und jede grüne Ampel durch schlagartige Beschleunigung noch mitzunehmen, kostet bis zu 30 % mehr Sprit und bringt Sie in den seltensten Fällen schneller ans Ziel.

Familientage

Zoos, Museen, Freizeitparks usw. bieten so genannte „Familientage“ an, an denen Familien ermäßigten Eintritt und sonstige Vorteile genießen. Nutzen Sie diese Einsparmöglichkeit und planen Sie entsprechend.

Farbe

Klumpige Farbe wird wieder streichfähig, wenn Sie sie durch eine alte Strumpfhose sieben. Im Nu ist die Farbe wieder gebrauchsfähig.

Fax

Aufwändig gestaltete Faxe mit Zeichnungen oder Bildern brauchen erheblich mehr Übertragungszeit als reine Textformate. Wenn Sie Ihre Faxkosten senken möchten, versuchen Sie daher, möglichst ohne Bilder und Logos zu faxen, und verzichten Sie auf ein Deckblatt. Bei Bildformaten und Zeichnungen kommt Sie eine Übertragung via E-Mail erheblich billiger.

Federbett

Wenn Bettfedern mit der Zeit verklumpen, brauchen Sie Kopfkissen oder Bettdecke nicht sofort zur Aufbereitung in das Fachgeschäft zu bringen. Trennen Sie einfach die Hülle ein Stück auf und halten Sie einen Föhn hinein. Durch den Verwirbelungseffekt lösen sich die Klumpen schnell auf und das Federbett wird wie neu.

Feile

Wenn Ihre Nagel- oder Haushaltsfeile nicht mehr richtig arbeitet, weil die Rillen der Reibfläche verschmutzt sind, brauchen Sie trotzdem keine neue zu kaufen. Die Feile lässt sich mit einem Streifen Pflaster leicht reinigen. Einfach draufkleben und zusammen mit dem Schmutz aus den Rillen wieder abziehen.

Feilschen

Nicht jedermanns Fall, aber durchaus effektiv ist das Handeln um einen niedrigeren Preis beim Einkaufen. Mit Verweis auf günstigere Angebote bei der Konkurrenz oder kleine Mängel an der angebotenen Ware wurde hier schon so manches Schnäppchen gemacht. Insbesondere bei größeren Anschaffungen sollte man den Händler fragen, ob dies sein „letztes Wort“ sei oder ob er noch einen weiteren Preisnachlass geben könne. Sollte sich der Händler zu einem weiteren Preisnachlass nicht durchringen können, fragen Sie nach einer kostenlosen Zugabe beim Kauf des Artikels. Beispielsweise ein kostenloses Fahrradschloss beim Kauf eines neuen Fahrrades. Hier zeigen sich die meisten Händler großzügig.

Felgen

Felgen lassen sich hervorragend mit Backofenspray reinigen. Auf teure Spezialmittel können Sie daher verzichten.

Fenster

Um Heizkosten zu sparen, ist es günstiger, im Winter die Wohnung drei bis vier Mal pro Tag für 10 Minuten durchzulüften, als ein Fenster kontinuierlich „auf Kipp" stehen zu lassen und so teure Heizenergie zu verschwenden. Auch undichte Fenster sorgen dafür, dass Ihnen eine Menge Heizenergie verloren geht. Dichten Sie daher unbedingt Fensterrahmen mit entsprechenden Materialien aus dem Baumarkt ab.

Fenster reinigen

Teures Glasreinigungsmittel lässt sich unproblematisch durch preiswerten Spiritus oder Salz ersetzen. Geben Sie einfach einen Schuss Spiritus oder etwas Salz in Ihr Putzwasser. Sie werden sehen, Ihre Fenster werden auch mit diesen günstigen Alternativmittelchen klar und streifenfrei.

Fensterleder

Mit der Zeit hart gewordene Fensterleder braucht man nicht wegzuwerfen. Wenn Sie das Ledertuch in warmes Wasser mit einem Schuss Salmiakgeist aus der Apotheke einlegen, wird es wieder wie neu.

Ferienwohnung

Anstatt über das Reisebüro zu buchen, finden Sie im Internet oder in der Tagespresse oft reichlich private Angebote für Ferienwohnungen. Ihr Vorteil: Sie sparen die Vermittlungsgebühr.

Ferngespräche

Ferngespräche mit dem Telefon können gewaltig ins Geld gehen. In der Regel ist das Telefonieren nach 18 Uhr und am Wochenende erheblich preiswerter. Versuchen Sie daher, Ihre Ferngespräche möglichst in diesen Zeitraum zu legen, und nutzen Sie während der Woche möglichst Fax oder E-Mail.

Fettflecken

Durch Fettflecken verschmutzte Kleidung braucht man nicht unbedingt sofort in die Reinigung zu bringen. In den meisten Fällen hilft es, den Fleck möglichst sofort mit lauwarmem Seifenwasser auszuwaschen. In schwierigen Fällen lässt sich der Fleck meist mit Reinigungsbenzin entfernen. Sollte der Stoff sehr empfindlich sein, hilft Salmiakgeist aus dem Reformhaus. Anschließend die Kleidung wie gewohnt waschen.

Fettrand

Wenn Sie den Fettrand vom Kotelett vor dem Braten abschneiden und in der Pfanne auslassen, können Sie sich das Öl zum Braten sparen.

Filzstifte

Wenn Filzstifte nicht mehr richtig schreiben oder malen, braucht man sie nicht sofort auszusondern. Öffnen Sie einfach die hintere Kappe und geben Sie zwei bis drei Tropfen Haushaltsessig hinein. Im Nu ist der Filzstift wieder einsatzbereit.

Fisch

Fisch ist nur dann sein Geld wert, wenn er wirklich frisch ist. Frischer Fisch zeichnet sich durch dunkelrote Kiemen, klare Augen und eng anliegende Schuppen aus. Auch sollte bei Druck auf die Haut keine Delle sichtbar bleiben. Also, achten Sie doch beim nächsten Fischeinkauf mal darauf. Es wird sich lohnen!

Fitnessstudio

Im Winter zieht es mehr Leute ins Fitnessstudio als im Sommer. Daher sinken im Sommer die Aufnahmegebühren beträchtlich. Nutzen Sie also immer die Sommermonate, um entsprechende Verträge abzuschließen.

Flecken in Kinderbekleidung

Falls sich ein Fleck aus Kinderbekleidung nicht mehr entfernen lässt, brauchen Sie die Kleidung nicht wegzuwerfen. Entweder färben Sie die Kleidung komplett mit Textilfarbe um oder Sie gestalten den Fleck mit einem Textilmalstift in ein Motiv um. Aus den meisten Flecken lassen sich problemlos Buchstaben, Tiere oder kindgerechte Gegenstände gestalten.

Fleisch

Schnitzel & Co. werden schneller gar, wenn Sie sie vorher mit einem Fleischklopfer oder einer stabilen Bratpfanne flach klopfen. Ein günstiger Zusatzeffekt: Das Fleisch wird durch die Behandlung viel zarter.

Fliesen

Das Anbohren von Fliesen in Bad und Küche ist tückisch. Wenn der Bohrer dabei abrutscht, gibt es oft irreparable Schäden an den Fliesen. Um Geldbeutel und Nerven zu schonen, kleben Sie doch einfach vorher ein Stück Pflaster auf die Fliese. Nun kann der Bohrer beim Bohren nicht mehr abrutschen.

Flohmarkt

Viele Artikel des täglichen Bedarfs können Sie in den Sommermonaten auf dem Flohmarkt günstig erwerben. Die Termine von Flohmärkten finden Sie in der Tagespresse. Insbesondere Kinderbekleidung, Bücher, CDs & Co. lassen sich hier zu einem Bruchteil des Ladenpreises erwerben. Konzentrieren Sie sich auf den Flohmärkten vor allem auf die privaten Anbieter. Bei diesen können Sie den Verkaufspreis häufig noch durch geschicktes Handeln etwas drücken. Dies gilt insbesondere, wenn Sie mehrere Artikel beim gleichen Händler erwerben. Bedenken Sie auch, dass die meisten Privathändler es vermeiden möchten, die angebotene Ware erneut mit nach Hause zu nehmen. Daher werden meist am Abend ein bis zwei Stunden vor Ende des Flohmarktes die Preise für die Artikel nochmals reduziert.

Flugreisen

Häufig sind Flugreisen von dem Flughafen, wo gerade Schulferien sind, am teuersten. Wenn Sie hingegen von einem anderen, „ferienfreien“ Bundesland aus fliegen, bekommen Sie die Reise meist günstiger.

Fotozubehör

Fotozubehör ist meist im Herbst am preiswertesten, wenn die Haupturlaubswelle abebbt.

Frische Kräuter

Frische Kräuter sind in den Sommermonaten am günstigsten. Petersilie, Schnittlauch, Estragon, Dill & Co. lassen sich ideal in Gefrierbeuteln einfrieren und so Platz sparend für den kommenden Winter konservieren. Auch Kräuteressig und Kräuteröl kann man in der Hochsaison am preiswertesten herstellen. Machen Sie einfach mal den Versuch: Gießen Sie frischen Estragon, Rosmarin oder auch Majoran mit Essig oder Öl auf, lassen Sie die Mischung drei bis vier Wochen ziehen und seihen Sie diese danach in hübsche Flaschen ab. Macht sich auch als Geschenk gut!

Frische Ware

Um ältere Ware besser verkaufen zu können, wird frische Ware in den Supermarktregalen meistens nach hinten oder unten gepackt. Wenn Sie also möglichst frische Ware möchten, greifen Sie am besten nicht in die vorderste Front. So bekommen Sie mehr Frische für Ihr Geld.

Friseurbesuch

Der Friseurbesuch fällt in der Regel deutlich günstiger aus, wenn Sie sich die Haare nach dem Schneiden oder Waschen selbst föhnen. Fragen Sie Ihren Friseur nach einem solchen „Cut & Go“-Angebot. Eine andere Möglichkeit ist es, sich als Modell zur Verfügung zu stellen. Für Unerschrockene gibt es hierbei im Regelfall den Haarschnitt oder die Farbe umsonst. Trauen Sie sich doch einfach mal!

Frittierfett

Gebrauchtes Frittierfett sollten Sie nicht wegwerfen. Wenn Sie das erkaltete Fett mit Sonnenblumenkernen mischen, lassen sich daraus für den nächsten Winter hervorragende „Meisenknödel“ formen, die Sie dann in Orangennetzen aus dem Supermarkt aufhängen können. So können Sie sich den Kauf von Vogelfutter in den Wintermonaten sparen.

Frostschutzmittel

Frostschutzmittel für die Scheibenwischanlage des Autos ist teuer. Sie können es sich aber auch leicht selbst mischen. Verdünnen Sie hierzu einfach preiswerten Brennspiritus mit Wasser im Verhältnis 1:2. Ein Spritzer Spülmittel sorgt zudem für angenehmen Duft.

Frottee

Hart gewordene Wäsche und Handtücher aus Frottee brauchen Sie nicht auszusondern. Sie werden wieder weich, wenn Sie sie über Nacht in heißes Essigwasser legen.

Früchtetee

Früchtetee wird wesentlich ergiebiger, wenn Sie den grob gestückelten Tee in einer Küchenmaschine klein mahlen.

Fruchtsaft

Fertige Fruchtsäfte sind meist sehr süß und lassen sich ohne Probleme mit Wasser verdünnen. Teilen Sie den Saft daher auf zwei Flaschen auf und füllen Sie diese mit Wasser auf.

Fundsachen

Sie kennen das sicher: Im Internet werden Gegenstände häufig zu günstigen Preisen versteigert. Was Sie vielleicht noch nicht wussten: Auch Verkehrsbetriebe, Fundbüros, Flughäfen und sonstige öffentliche Einrichtungen bieten oft Versteigerungsveranstaltungen an, bei denen nicht abgeholte Fundstücke für wenig Geld versteigert werden. Erkundigen Sie sich bei den Institutionen nach solchen Veranstaltungen oder entnehmen Sie die Termine der Tagespresse, um sich das eine oder andere Schnäppchen zu sichern.

Fusselbürste

Fusseln auf dunklen Kleidungsstücken sind nicht gerade eine Zier. Statt mit einer teuren Fusselbürste können Sie den Fusseln aber auch mit einem Stück Klebestreifen zu Leibe rücken, welches Sie mehrfach auf die Stelle kleben und wieder abziehen.

Gartengrill

Am Ende eines Grillfestes ist meistens noch eine Menge glühender Holzkohle vorhanden. Wenn Sie bei Ihren Vorbereitungen gleich noch mehrere Kartoffeln in Folie eingewickelt haben, so können Sie diese in der Restglut garen und am nächsten Tag z. B. für Kartoffelsalat oder Bratkartoffeln weiterverwerten. Sie haben dann das vorherige Garen in Wasser komplett gespart.

Gasherd

Einen speziellen Anzünder oder Streichhölzer braucht es für einen Gasherd nicht. Ein leeres Einwegfeuerzeug mit intaktem Feuerstein reicht völlig aus, um den Gasherd anzuzünden.

Geburtstag

An Ihrem Geburtstag haben Sie in vielen Schwimmbädern, Freizeitparks, Kinos, Zoos, Museen, bei Ausflugsfahrten mit dem Schiff usw. freien oder ermäßigten Eintritt. Halten Sie Ihre Augen nach entsprechenden Angeboten offen und planen Sie Ihr Geburtstagsprogramm entsprechend.

Gefrierbehälter

Gefrierbehälter muss man nicht kaufen. Leere Margarineschachteln eignen sich hervorragend zum Einfrieren und lassen sich perfekt in der Gefriertruhe stapeln.

Gefrierbeutel

Wenn Sie benutzte Gefrierbeutel nicht einfach wegwerfen, sondern ausspülen, trocknen und wiederverwenden, wird das nicht nur Ihren Geldbeutel, sondern auch die Umwelt erfreuen.

Gefriertruhe

Wenn Sie Ihre Gefriertruhe in einem kühlen Raum (z. B. im Keller anstatt in der Küche) aufstellen, verbraucht diese erheblich weniger Strom.

Gefriertruhen und Kühlschränke im Urlaub

Kühlschränke und Gefriertruhen verbrauchen während Ihrer Abwesenheit im Urlaub unnötig Strom. Räumen Sie daher den Kühlschrank und die Gefriertruhe vor dem Urlaub leer, ziehen Sie den Stecker und lassen Sie die Tür zur Vermeidung einer Schimmelinfektion offen stehen.

Geld abheben

Ist Ihnen das vielleicht auch schon einmal aufgefallen? Wenn Sie Ihr Geld nur in kleinen Scheinen dabeihaben, ist der Schmerz größer, wenn Sie die einzelnen Scheine beim Bezahlen über den Ladentisch gehen sehen, nicht wahr? Es ist tatsächlich so: Sie werden beim Ausgeben Ihrer kleinen Geldscheine wesentlich „knauseriger" sein als bei großen Scheinen. Außerdem behalten Sie auf diese Weise leichter den Überblick über Ihre Finanzen und können sich das Geld besser einteilen. Also: Lassen Sie sich das nächste Mal Ihr Geld am Bankschalter einfach in kleinen Scheinen geben und achten Sie mal darauf, was passiert. Sie werden erstaunt sein!

Ein weiterer gut gemeinter Rat: Vermeiden Sie es, mit der Kreditkarte am Bankautomaten Geld zu ziehen. Häufig sind die Gebühren hierfür um ein Vielfaches höher als bei der Verwendung der EC-Karte.

Gemüse garen

Kochen Sie Gemüse immer mit möglichst wenig Wasser. Dies spart zum einen Energie und bewahrt zum anderen wichtige Vital- und Nährstoffe, die Sie sonst mit dem Kochwasser ungenutzt weggießen würden. Wenn Sie außerdem noch einen Schuss Öl hinzufügen, wird das Kochgut schneller gar und Sie sparen Zeit und Strom.

Gemüsefach

Wenn Sie einen Naturschwamm in das Gemüsefach des Kühlschranks legen, nimmt dieser die verdunstende Feuchtigkeit auf und das Gemüse bleibt länger frisch.

Gepäckträger

Ein Dachgepäckträger wirkt der Aerodynamik Ihres PKWs erheblich entgegen. Um Spritkosten zu sparen, sollten Sie den Dachgepäckträger nur in Fällen montieren, in denen Sie keine Möglichkeit haben, die Utensilien im Inneren des PKWs zu verstauen.

Geriebener Käse

Geriebener Käse für Aufläufe & Co. ist meist sehr teuer. Wenn Sie an der Käsetheke jedoch gezielt nach preiswerten Käseresten oder Endstücken fragen, die Sie dann selbst reiben, können Sie viel Geld sparen.

Geschenkbänder

Stoffreste sollte man nicht wegwerfen. Wenn Sie hieraus schmale Streifen schneiden, haben Sie immer originelle Geschenkbänder im Haus, mit denen Sie Ihre Geschenke verzieren können.

Geschenke

Kaufen Sie Geburtstags- oder Weihnachtsgeschenke für Ihre Liebsten immer dann ein, wenn Sie ein günstiges Angebot sehen. Hilfreich ist ein kleiner Zettel in der Geldbörse, auf dem Sie sich Ideen und Wünsche notieren. Der frühzeitige und koordinierte Einkauf spart Ihnen einerseits Geld und andererseits den Vorgeburtstags- bzw. Vorweihnachtsstress. Außerdem haben Sie so immer einen kleinen Vorrat, aus dem Sie wählen können, falls unverhofft ein Geschenk benötigt wird.

Geschenke verpacken

In den meisten Läden kann man sich Geschenke direkt in Geschenkpapier verpacken lassen. Nutzen Sie diesen Service. Alternativ können Sie dem Verkäufer auch anbieten, dass er Ihnen das Papier mitgibt. Geschenkpapier und schöne Schleifen kann man ja immer gebrauchen.

Geschenkpapier

Geschenkpapier kann man ohne Qualitätsverlust mehrfach verwenden. Öffnen Sie daher Ihre Geschenke immer behutsam und streichen Sie das Papier anschließend glatt oder bügeln Sie es auf der Rückseite mit niedrigster Stufe. Wenn Sie die Geschenke nicht gleich auspacken, können Sie auch mithilfe eines Föhns die Klebestreifen anwärmen, so lösen sich diese meistens, ohne das Papier zu beschädigen.

Geschirr trocknen

Auf den stromintensiven Trocknungsvorgang Ihrer Spülmaschine können Sie bewusst verzichten. Stellen Sie einfach die Spülmaschine nach dem letzten Spülgang ab und öffnen Sie die Tür. Nun entweicht der Wasserdampf und das heiße Geschirr trocknet innerhalb kürzester Zeit von selbst.

Geschirrspülmaschine

Füllen Sie Ihre Spülmaschine immer vollständig, bevor Sie den Spülvorgang starten. Für nicht so stark verschmutztes Geschirr sollten Sie niedrigere Temperaturen wählen, um so bis zu 40 % des Energieverbrauchs einzusparen.

Geschirrspülmittel

Viele Geschirrspülmittel werden heute als Konzentrate in den Handel gebracht. Während man früher einfach einen Schuss Spülmittel in das Abwaschwasser gab, reichen heute bei den Konzentraten mitunter schon wenige Tropfen. Halten Sie sich daher unbedingt an die Dosierungsvorschriften, um Umwelt und Geldbeutel zu schonen.

Getränke

Insbesondere in den Sommermonaten schlagen die Kosten für Kaltgetränke gewaltig zu Buche. Kochen Sie doch einfach mal Früchtetee auf Vorrat. Er löscht auch den größten Durst fast zum Nulltarif und ist zudem gesünder als Cola & Co.

Gewürze

Gewürze wie Chili oder auch Curry entfalten ihr Aroma am besten, wenn Sie die Gewürze vor dem Kochen kurz in einer Pfanne anrösten. Wenn Sie die Gewürze so behandeln, brauchen Sie viel weniger davon und die Speisen werden wesentlich aromatischer.

Girokonto

Wenn Ihr Geld schnell verfügbar sein muss, ist es trotzdem nicht erforderlich, es kontinuierlich auf dem Girokonto zu parken. Eine gute Alternative ist das Tagesgeldkonto. Das Guthaben bleibt ebenso schnell verfügbar wie auf dem Girokonto, trägt aber Zinsen.

Gläser

Ineinander gestellte Gläser lassen sich häufig nicht voneinander lösen. Damit die Gläser beim Trennungsversuch nicht kaputtgehen, stellen Sie einfach das untere Glas in warmes Wasser und gießen kaltes Wasser in das obere. Nun lassen sich die Gläser ohne Probleme wieder trennen.

Glastische

Glastische lassen sich hervorragend mit dem Saft einer ausgepressten Zitrone reinigen. Das ist viel preiswerter als ein Spezialreinigungsmittel und löst die Schmierbeläge fast wie von selbst. Hinterher mit einem Stück Zeitungspapier nachpolieren.

Glühbirnen

Sie haben sicher schon bemerkt, dass Energiesparlampen in der Anschaffung teurer sind als normale Glühbirnen. Was man jedoch auch beachten sollte, ist, dass Sie die etwas höheren Anschaffungskosten im Handumdrehen wieder einsparen durch die etwa sechsmal längere Haltbarkeit und den 75 % niedrigeren Stromverbrauch der Energiesparlampen.

Großpackungen

Lebensmittel in Großpackungen sind oft preiswerter. Vergleichen Sie daher immer den Kilopreis und bedenken Sie, dass nicht sofort Benötigtes meist unproblematisch eingefroren werden kann. Andererseits kann sich eine Großpackung auch leicht als Verbraucherfalle herausstellen. Seien Sie daher stets auf der Hut und prüfen Sie die Preise!

Grußkarten

Wenn das Jahr zu Ende geht, ist auch ein neuer Kalender fällig. Bevor Sie den alten jedoch sofort entsorgen, sollten Sie prüfen, ob sich aus dem einen oder anderen Motiv nicht noch eine schöne Grußkarte basteln lässt. Die entsprechenden Teile hierzu einfach ausschneiden und auf weißen oder farbigen Karton kleben. Fertig!

Gummiringe

Gummiringe im Haushalt sind äußerst praktisch und nahezu unentbehrlich. Doch wie Sie sicher bereits festgestellt haben, sind sie sehr empfindlich gegenüber Sonnenlicht. Um möglichst lange Freude an den Haushaltshelfern zu haben, sollten Sie sie daher stets dunkel lagern.

Gummistiefel

Gummistiefel werden mit der Zeit oft brüchig. Wenn Sie die Stiefel jedoch regelmäßig mit Glyzerin pflegen, beugen Sie dieser Materialermüdung wirksam vor. Glyzerin bekommen Sie problemlos für wenig Geld in jeder Apotheke.

Hackfleisch

Gehacktes sollten Sie vor dem Einfrieren immer ganz flach drücken. Hierdurch wird die Einfrierzeit und somit auch der Stromverbrauch der Gefriertruhe erheblich reduziert. Der günstige Nebeneffekt: Es taut auch schneller wieder auf.

Haltbarkeitsdatum

Meist sind Lebensmittel, bei denen das Haltbarkeitsdatum in Kürze abläuft, deutlich im Preis reduziert. Hier können Sie viel Geld sparen, wenn Sie Ihren Speiseplan daraufhin ausrichten. Bedenken Sie zudem, ob es bei vielen Lebensmitteln wie z. B. Nudeln, Zucker, Honig & Co. überhaupt relevant ist, das Haltbarkeitsdatum genau zu beachten.

Hammer

Wenn bei einem alten Hammer der Kopf zu wackeln beginnt, brauchen Sie den Hammer nicht gleich wegzuwerfen. Schlagen Sie einfach einen Nagel von oben in den Holzstiel und treiben Sie so das Holz am Hammerkopf auseinander. Der Hammerkopf sitzt wieder bombenfest.

Handwaschpaste

Handwaschpaste für grob verschmutzte Hände lässt sich leicht selbst herstellen. Vermischen Sie einfach Salz mit etwas Spülmittel und heben Sie die Mischung in einem Gefäß auf. Selbst grobe Verschmutzungen durch Ölfarbe & Co. lassen sich damit leicht entfernen.

Handy

Wenn Ihr Handy aufgeladen ist, sollten Sie das Ladegerät auf jeden Fall aus der Steckdose ziehen, sonst zieht es unermüdlich Energie aus dem Netz. Egal, ob das Handy angeschlossen ist oder nicht.

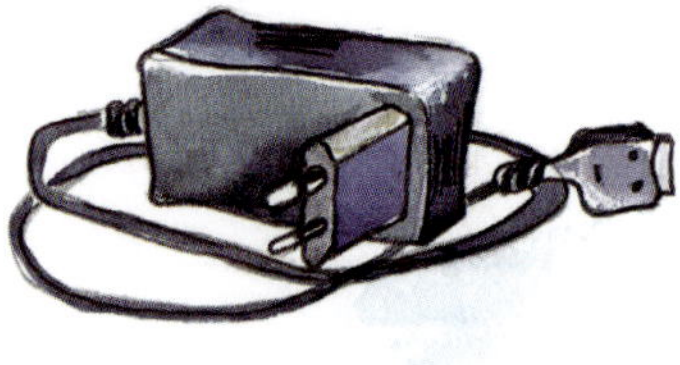

Handytasche

Anstatt in einer speziellen Handytasche können Sie Ihr Handy auch in einem leeren Brillenetui aufbewahren. Der hilfsbereite Optiker um die Ecke überlässt Ihnen gerne eines zum Nulltarif, wenn Sie ihn freundlich danach fragen.

Haushaltsartikel

In den ersten Januarwochen versucht der Einzelhandel, im Rahmen der so genannten „Haushaltswochen“ das lahmende „Nachweihnachtsgeschäft“ anzukurbeln. Nutzen Sie die günstigen Angebote bei den Haushaltsartikeln, die nun deutlich preiswerter angeboten werden als vor Weihnachten.

Haustiere

Anstatt beim Züchter oder im Zooladen bekommen Sie die Hausgenossen auch im Tierheim. Gegen eine Spende haben Sie hier oft eine große Auswahl.

Heizen

Bevor Sie die Heizung an kalten Winterabenden auf volle Leistung stellen, sollten Sie überlegen, ob gegen kalte Füße nicht auch ein paar warme Socken und gegen das allgemeine Frösteln nicht auch eine flauschige Strickjacke helfen. Meist reichen dann 3 bis 4° C weniger und man fühlt sich trotzdem wohl.

Heizkörper

Heizkörper saugen im unteren Bereich kalte Raumluft an und geben sie durch die oberen Lüftungsschlitze aufgeheizt wieder an die Umgebung ab. Dies funktioniert jedoch nur, solange Sie keine Gegenstände auf dem Heizkörper ablegen oder davorhängen. Also: Befreien Sie Heizkörper von jedem Ballast, um die Heizkosten zu senken.

Heizöl

Die Heizölpreise schwanken stark im Jahresverlauf. Beobachten Sie daher den Markt genau, bevor Sie größere Mengen einlagern. Bei guter Marktbeobachtung und -analyse sind mitunter Ersparnisse von mehreren 100 Euro pro Jahr realistisch.

Heizung

Wenn Sie die Heizung in Ihrer Wohnung nur um 1° C herunterregeln, sparen Sie ungefähr 5 % der Heizkosten ein. Vollständig ausdrehen sollten Sie Ihre Heizung nur im Hochsommer, da die Räume sonst übermäßig auskühlen und dann erheblich mehr Heizenergie notwendig ist, um die Räume wieder aufzuheizen. Vor dem Schlafengehen sollten Sie die Raumtemperatur auf 15° C absenken. Dies dient zum einen einem erholsameren Schlaf und zum anderen Ihrem Geldbeutel. Falls Sie dazu neigen, abends zu vergessen die Heizung herunterzudrehen, macht sich ein automatisches Thermostatventil aus dem Baumarkt schnell bezahlt, das nachts automatisch die Raumtemperatur herunterregelt.

Heizungsgluckern

Wenn die Heizung nicht richtig entlüftet ist und kontinuierlich vor sich hin „gluckert“, kann das Wasser nicht mehr richtig zirkulieren und Heizenergie geht verloren. Schnelle Abhilfe schafft hier das Entlüften, das als echte Kostenbremse wirkt. Das schont Ihre Nerven und darüber hinaus noch die Umwelt.

Herd

Gasherde nutzen die Energie erheblich besser aus als Elektroherde. Wenn Sie eine Neuanschaffung planen, überlegen Sie doch einmal, ob Sie nicht von Elektro auf Gas umsteigen wollen.

Herdplatten

Eingebranntes auf der Herdplatte lässt sich meist ohne teures Spezialmittel entfernen. Mit etwas Salz auf dem Putzlappen ist die Herdplatte im Handumdrehen sauber. Auch schmutzige Ränder um die Herdplatte können mit Salz entfernt werden. Hartnäckige Flecken lassen sich preiswert mit zusammengeknüllter Alufolie beseitigen.

Herrenhemden

Alte oder nicht mehr tragbare Herrenoberhemden brauchen Sie nicht wegzuwerfen. Sie eignen sich ideal als Malkittel für Ihren Nachwuchs und schonen so die Kinderkleidung.

Honig

Kristallisierter Honig wird wieder fließfähig, wenn Sie ihn im warmen Wasserbad bei 40° C oder kurz in der Mikrowelle erhitzen.

Hotel

Wenn es Sie nicht stört, dass in Ihrer Abwesenheit jemand Fremdes in Ihrer Wohnung wohnt, bieten Wohnungstauschagenturen im Internet eine kostengünstige Alternative zu Ferienwohnung und Hotel. So wohnen Sie zum Nulltarif in der Privatwohnung Ihres Tauschpartners.

Hundefutter

Hunde legen beim Hundefutter keinen Wert auf teure Markenartikel in aufwändigen Verpackungen. Schlachtereien bieten günstig Fleischabfälle für den hungrigen Vierbeiner an, die zum einen preiswerter und zum anderen artgerechter sind.

Inhalierstift

Benutzen Sie bei einer Erkältung Schnupfeninhalierstifte? Dann sollten Sie wissen, dass sich diese völlig unproblematisch wieder auffüllen lassen. Einfach ein bis zwei Tropfen Japanisches Heilpflanzenöl in die Kammer geben und der Stift ist wieder wie neu.

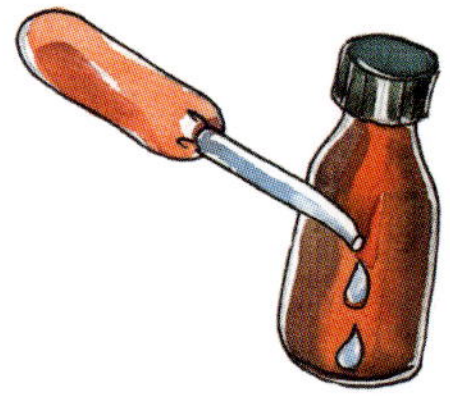

Inlineskates

Inlineskates für Kinder können gewaltig ins Geld gehen, wenn die endgültige Schuhgröße noch nicht erreicht ist und so mit zunehmender Fußgröße immer neue Schuhe gekauft werden müssen. Als Alternative gibt es inzwischen längenverstellbare Inlineskates, die sich dem Fuß stufenweise anpassen lassen.

Innenfutter

Wenn das Innenfutter einer Jacke nicht mehr zu gebrauchen ist, gibt es eine günstige Möglichkeit, dieses zu ersetzen: Die Manschetten, den Kragen und die Knopfleiste eines Hemdes abschneiden und es links auf links in die Jacke einnähen.

Jahresbeiträge

Lassen Sie Beiträge für Versicherungen & Co. einmal jährlich abbuchen, anstatt sie monatlich abzustottern. Hierdurch können Sie bares Geld sparen, da viele Unternehmen die Beiträge bei Monatsabbuchungen um bis zu 10 % erhöhen.

Jeans färben

Wenn Sie eine neue Jeans das erste Mal waschen, färbt diese meist noch etwas ab. Nutzen Sie die Farbe bewusst, um einer verblichenen Jeans zu neuer Frische zu verhelfen. Einfach mitwaschen und die alte Jeans wird wieder farbkräftiger.

Jogurt

Wenn Ihre Familie einen hohen Jogurtverbrauch hat, lohnt sich die Anschaffung einer Jogurtmaschine, mit der Sie Ihren Jogurt selbst herstellen können. Mit der Zugabe von Früchten oder etwas Marmelade sind den Geschmacksvariationen nahezu keine Grenzen gesetzt.

Jugendherbergen

Wer relativ günstig durch die Welt ziehen möchte, sollte Übernachtungen in einer Jugendherberge ernsthaft in Erwägung ziehen. Der Komfort ist zwar nicht mit dem eines 5-Sterne-Hotels zu vergleichen, die Preise aber eben auch nicht.

Kabelfernsehen

Das Aussehen von Satellitenschüsseln ist zwar zugegebenermaßen Geschmackssache, aber in puncto Kostenersparnis sind sie gegenüber dem Kabelfernsehen ohne Zweifel der klare Sieger. Machen Sie sich doch einfach mal die Mühe und rechnen Sie kurzerhand aus, was Sie im Jahr an Gebühren für die Kabelnutzung ausgeben. Sie werden sehen, die Investition in eine Satellitenschüssel lohnt sich schon nach kurzer Zeit.

Kaffee

Kaffee aus dem Sonderangebot bleibt länger frisch und aromatisch, wenn Sie die Kaffeepackungen im Gefrierfach lagern.
Auch die leeren Kaffeepackungen sollten Sie nicht gleich wegwerfen. Da die Vakuumfolie meist in Gold und Silber gehalten und zudem sehr reißfest ist, lässt sie sich ideal für Weihnachtsbasteleien weiterverwenden. Zum Fest lassen sich dann daraus hervorragend Sterne, Glocken, Engel und Dekorationen für Geschenke basteln.
Durch die Reißfestigkeit des Materials eignen sich die ausgespülten Tüten z. B. auch hervorragend zum Transport von Pausenbroten und sind herkömmlicher Alufolie bei weitem überlegen.

Kaffeefilter

Für Filtertüten gibt man im Laufe der Jahre ein kleines Vermögen aus. Investieren Sie daher in einen Dauerfilter, der Ihnen viel Geld sparen wird.

Kaffeeflecken

Durch Kaffeeflecken verschmutzte Kleidung braucht man nicht unbedingt sofort in die Reinigung zu bringen. In den meisten Fällen hilft es, die frischen Flecken sofort mit warmem Wasser auszuwaschen. Ältere Flecken am besten mit etwas Glyzerin (Apotheke) einweichen, dann mit warmem Wasser ausspülen und wie gewohnt waschen.

Kaffeemaschine

Schalten Sie die Kaffeemaschine nach dem Kaffeekochen immer sofort aus, um Energie zu sparen. In einer Thermoskanne bleibt der Kaffee genauso heiß wie auf der Warmhalteplatte.

Kalte Füße

Warme Luft steigt nach den Regeln der Physik nach oben. Dies führt oft dazu, dass man selbst in gut geheizten Räumen kalte Füße bekommt. Um zu vermeiden, die Heizung noch weiter aufdrehen zu müssen, lohnt sich die Anschaffung eines Deckenventilators. Dieser bewirkt selbst bei geringem Betrieb, dass die warme Luft wieder in Bodennähe kommt und so für warme Füße sorgt.

Kamm

Teure Kämme aus echtem Horn verbiegen sich leicht. Sie brauchen den Kamm aber nicht wegzuwerfen. Der Kamm wird wieder kerzengerade, wenn Sie ihn ein paar Stunden in Milch einlegen.

Kantine

Meist bieten Behörden und Betriebe ihren Mittagstisch auch für Besucher an. In der Regel sind die Gerichte hervorragend und deutlich günstiger als im Restaurant.

Kapern

Kapern lassen sich hervorragend durch ungeöffnete Gänseblümchenknospen ersetzen. Sammeln Sie diese vor Sonnenaufgang mit einer Taschenlampe auf der Wiese ein und bewahren Sie sie in Estragonessig auf. Es wird garantiert niemand den Unterschied bemerken.

Karotten

Karotten bleiben länger frisch und knackig, wenn Sie das grüne Kraut abschneiden. Dadurch wird den Karotten nicht unnötig Wasser entzogen und sie halten sich im Kühlschrank bis zu vier Wochen.

Kartoffelchips

Kartoffelchips werden an der Luft schnell weich und somit ungenießbar. Damit sie wieder knusprig werden, backen Sie sie kurz im Backofen auf. Nachdem sie abgekühlt sind, lassen sie sich am besten in einer Blechdose aufbewahren.

Kartoffeln

Welk gewordene Kartoffeln brauchen Sie nicht wegzuwerfen. Wenn Sie sie einfach über Nacht in kaltes Wasser einlegen, erstrahlen sie am nächsten Tag in neuer Festigkeit.

Kartoffeln einlagern

Um im Herbst preiswert Kartoffeln einlagern zu können, fehlt es den meisten Mietwohnungen an Platz. Wenn Sie einen Balkon haben, ist dies jedoch kein Problem. Lagern Sie die Kartoffeln auf einem Gitterrost in einer schattigen und regengeschützten Ecke. Wenn Sie die Kartoffeln dann noch mit einem alten Sack abdecken, sind diese bis zum ersten Frost geschützt.

Kartoffeln kochen

Zur Zubereitung von Kartoffelsalat oder Bratkartoffeln benötigt man Scheiben von gekochten Kartoffeln. Wenn Sie die Kartoffeln direkt in dünnen Scheiben kochen, anstatt hinterher die gekochten Kartoffeln in Scheiben zu schneiden, sparen Sie Zeit und Strom.

Kartoffelpüree

Reste von Kartoffelpüree lassen sich mit etwas Brühe und einem Schneebesen ideal zu einer leckeren Kartoffelsuppe zaubern.

Käse

Wenn Sie ein Stück Würfelzucker mit unter die Käseglocke legen, nimmt dieser die Feuchtigkeit auf und der Käse bleibt länger frisch.

Käse kaufen

Käse am Stück ist wesentlich preiswerter als fertig geschnittener und trocknet nicht so leicht aus. Mit einem preiswerten Käsehobel können Sie dann immer frische Scheiben schneiden, wenn Sie darauf Appetit haben.

Katzenstreu

Katzenstreu lässt sich problemlos mit gewöhnlichem Sand verlängern und hält dann mindestens doppelt so lange.

Kaugummi im Haar

Bei Kindern kann es passieren, dass sich beim Spielen ein Kaugummi im Haar verfängt. Um sich einen rettenden, aber teuren Friseurbesuch zu sparen, versuchen Sie einfach folgenden Trick: Geben Sie etwas Bodylotion oder Hautcreme ins Haar und versuchen Sie, den Kaugummi mit einem trockenen Handtuch auszustreichen.

Kaugummi in Textilien

Kaugummireste auf der Kleidung lassen sich meist durch einen praktischen Trick entfernen. Legen Sie das Kleidungsstück einfach für ein paar Stunden ins Gefrierfach und lösen Sie dann den gefrorenen Kaugummi ab.

Kekse

Nach längerer Lagerung werden Kekse oft weich. Wenn Sie sie kurz in Milch tauchen und dann im Backofen aufbacken, werden sie wieder knusprig.

Kekse aus der Konditorei

Kekse vom Konditor schmecken meist besser als die aus dem Supermarkt. Neben verkaufsfertigen Keksen fallen bei der Produktion auch zerbrochene Plätzchen an. Fragen Sie einfach mal nach preiswerter Bruchware, die genauso gut schmeckt.

Kerzen

Kerzen und Teelichter brennen langsamer ab, wenn man sie vor Gebrauch ein paar Stunden in das Gefrierfach legt.

Kerzenständer

Durch Kerzenwachs unansehnlich gewordene Kerzenständer brauchen Sie nicht wegzuwerfen. Stellen Sie den Kerzenständer einfach bei 180° C in Backpapier eingewickelt in den Ofen und wischen Sie dann die Wachsreste einfach mit einem Tuch ab. Furchen und kleinere Wachsflecken lassen sich anschließend leicht mit Nagellackentferner reinigen.

Kilopreis

Um beim Lebensmitteleinkauf den Kilopreis der Waren besser vergleichen zu können, müssen Sie diesen erst einmal berechnen. Insbesondere bei den oft ungeraden Mengengewichten der verpackten Lebensmittel keine leichte Aufgabe. Hier hilft ein kleiner Taschenrechner im Scheckkartenformat, den Sie problemlos in Ihrer Geldbörse unterbringen können.

Kinderbekleidung

Kleidung für Kinder muss man nicht unbedingt neu kaufen. Meist sind die Kinder nach kurzer Zeit sowieso schon wieder der Kleidung entwachsen, sodass sie meist kaum getragen wurde. Kaufen Sie daher die Sachen doch einfach gebraucht auf dem Flohmarkt oder dem nächsten Kirchenbasar.

Kinderpflaster

Lustige Kinderpflaster mit Motiven kann man preiswert selbst herstellen. Entweder bemalen Sie herkömmliche Pflaster mit wasserfesten Filzstiften selbst oder Sie verzieren sie mit lustigen Motivstempeln. Ihre Kinder werden sicher davon begeistert sein!

Kino

Ein Kinobesuch ist im Laufe der Zeit zusehends teurer geworden. Vor allem für ganze Familien ist er oft nicht mehr bezahlbar. Der folgende Tipp kann Ihnen hier vielleicht weiterhelfen: In vielen Kinos gibt es so genannte „Kinotage“, an denen der Eintritt ermäßigt ist. Besonders teuer hingegen ist der Kinoeintritt meist vor und am Wochenende. Erkundigen Sie sich also einfach mal bei Ihrem Kino nach den günstigsten Tagen und planen Sie Ihren Kinobesuch entsprechend.

Kirschflecken

Durch Kirschflecken verschmutzte Kleidung braucht man nicht unbedingt sofort in die Reinigung zu bringen. In den meisten Fällen hilft es, den Fleck zuerst in Seifenwasser und anschließend in Milch einzulegen, bis er verschwunden ist.

Kissen

Kissen für Garten- und Campingmöbel oder auch das Kinderzimmer kann man preiswert selbst nähen. Füllen Sie einfach Baumwolleinkaufstüten aus dem Supermarkt mit Schaumstoff und nähen Sie diese oben zu. Sie können den Stoff auch vorher mit Textilfarbe färben oder batiken. Besonders witzig wird es, wenn Sie sich solche Taschen aus fremden Städten und Ländern mitbringen oder mitbringen lassen. So kann schon die Schrift einer fremden Sprache zum Gestaltungselement werden.

Klaviertasten

Um schmutzige oder vergilbte Klaviertasten wieder schneeweiß zu bekommen, braucht man kein teures Spezialmittel. Einfach mit einem weichen Tuch mit etwas Zahnpasta einreiben und anschließend polieren.

Klebestift

Klebestifte kann man preiswert selbst herstellen. Einfach aus einem leeren Deoroller die Kugel entfernen, das Gefäß mit Tapetenkleister füllen und anschließend die Kugel wieder einsetzen. Schon ist der Kleberoller gebrauchsfertig.

Klebstoffflecken

Durch Klebstoffflecken verschmutzte Kleidung braucht man nicht unbedingt sofort in die Reinigung zu bringen. In den meisten Fällen hilft es, etwas Spiritus auf den frischen Fleck zu tropfen, wodurch sich dieser verflüssigt. Nun kann man die Flüssigkeit zusammen mit dem Klebstoff vorsichtig abtupfen. Anschließend die Wäsche wie gewohnt waschen. Vorher an einer verdeckten Stelle einen Farbtest machen.

Kleiderschrank

Dufterfrischer für den Kleiderschrank sind bekanntlich teuer. Preiswerter geht es, wenn Sie eine Zitrone mit Nelken spicken und an einer Schnur in den Kleiderschrank hängen. Sie brauchen keine Angst zu haben, dass die Zitrone verfault. In der Regel vertrocknet sie einfach mit der Zeit an der Schnur und schrumpft in sich zusammen.

Auch Lavendelblüten sorgen für ein angenehmes Aroma. Einfach im Sommer die Blüten sammeln und in ein Säckchen einnähen. Zusätzlicher Effekt: Motten mögen diesen Duft überhaupt nicht.

Kleidung

Es muss nicht immer neue Kleidung sein. In zahlreichen Secondhandshops finden Sie mitunter wenig getragene Designerkleidung zum Schnäppchenpreis.

Kaufen Sie also qualitativ hochwertige Kleidung zu einem Preis, für den Sie in Bekleidungsgeschäften nur minderwertigen Ramsch bekommen. Es lohnt sich!

Klimaanlage

Die Klimaanlage in Ihrem PKW ist ein wahrer „Spritfresser“. Überlegen Sie daher genau, ob das heruntergekurbelte Fenster im Sommer nicht die gleiche erfrischende Wirkung hat. Gerade dann, wenn es sich nur um kurze Strecken handelt.

Knäckebrot

Weich gewordenes Knäckebrot brauchen Sie nicht wegzuwerfen. Im Toaster wird es wieder frisch und knusprig.

Knetgummi

Knetgummi für Kinder härtet oft aus und wird dadurch unbrauchbar. Wenn Sie den Knetgummi zusammen mit einem Tropfen Öl in ein Schraubglas geben und nach ein paar Tagen durchkneten, wird er wieder wie neu. Auch für die längerfristige Aufbewahrung ist ein Schraubglas ideal geeignet.

Knoblauch

Wenn Sie nur eine Knoblauchzehe von einer Knolle brauchen, besteht die Gefahr, dass der Rest austrocknet. Damit das nicht passiert, sollten Sie die übrigen Zehen in einem Schraubglas mit Öl aufbewahren. Ein günstiger Nebeneffekt: Das Öl nimmt mit der Zeit einen leichten Knoblauchgeschmack an und eignet sich so ideal für Salate.

Knödel

Sicher haben auch Sie schon einmal vom Mittagessen übrig gebliebene Knödel achtlos in den Abfall geworfen. Dabei sind Knödelreste doch so einfach weiterzuverwerten: In Scheiben geschnitten und in der Pfanne goldbraun gebraten sind Knödel ein Leckerbissen und eine köstliche Abwechslung für das Abendbrot.

Knöpfe

Knöpfe reißen bei stark beanspruchter Kleidung nicht so leicht ab, wenn Sie Zahnseide anstatt Nähgarn zum Annähen verwenden. Die Knöpfe von alten Kleidungsstücken sollten Sie abtrennen und aufbewahren. So müssen Sie bei Bedarf nicht extra welche kaufen.

Kochen

Bei vielen Gerichten ist es nicht erforderlich, bis zum Ende der Garzeit die Herdplatte anzulassen. Häufig reicht es, 5 bis 10 Minuten vor Ende der Garzeit die Herdplatte auszuschalten und das Gericht auf der noch heißen Herdplatte zu Ende garen zu lassen.

Kochgeschirr

Nutzen Sie die Fläche der Herdplatte immer voll aus. Zu diesem Zweck sollten Sie möglichst breite und flache Töpfe zum Kochen verwenden. Hohe, verbeulte oder stark verschmutzte Töpfe sollten Sie aufgrund der schlechten Wärmeleitung schleunigst ausrangieren, da sie häufig das Doppelte an Energie verbrauchen als funktionstüchtige Töpfe.

Kochtopfdeckel

Wussten Sie schon, dass beim Kochen mit geschlossenem Kochtopfdeckel etwa nur ein Viertel so viel Strom verbraucht wird wie beim Kochen ohne Deckel? Und sogar das Kochen mit schräg aufliegendem Deckel spart noch halb so viel Strom wie das ohne Deckel. In Zukunft also am besten immer mit Topfdeckel kochen.

Kochtöpfe

Neben der reinen Zeitersparnis tragen Schnellkochtöpfe vor allem zum Energiesparen bei. Generell verbrauchen Schnellkochtöpfe in etwa nur halb so viel Energie wie normale Kochtöpfe und sollten grundsätzlich für alle Speisen eingesetzt werden, die länger als 20 Minuten garen müssen.

Koffer und Reisezubehör

An Flughäfen werden nicht abgeholte Koffer in der Regel auf den immer wieder stattfindenden Flughafenauktionen versteigert. Sie sollten bei dieser Art der Versteigerung jedoch nicht für neue, nahezu unbenutzte Koffer steigern. Bieten Sie lieber bei den Koffern, die schon einige Reisen hinter sich haben. Meist stammen diese von wohlhabenden und öfter verreisenden Mitmenschen. Insofern ist auch der Inhalt meist wertvoller. Wenn Sie neue Koffer und Reisezubehör suchen, so können Sie diese meist nach der Haupturlaubszeit am günstigsten erstehen, da die Händler die Ware abstoßen müssen, um im Lager Platz zu schaffen. Nutzen Sie eine solche Gelegenheit, um sich für den nächsten Urlaub preisgünstig einzudecken.

Kombimode

Kaufen Sie Kleidung besser nicht nach spontanem Gefallen. Sie sollten vielmehr darauf achten, ob sich Kleidungsstücke gut mit anderen kombinieren lassen. Auf diese Weise werden Sie erheblich weniger Kleidungsstücke brauchen, um immer perfekt gekleidet zu sein.

Kontaktlinsen

Kontaktlinsen sind teuer. Umso ärgerlicher ist es, wenn sie verloren gehen. Um sie auf Teppichboden wieder zu finden, stülpen Sie einfach einen Nylonstrumpf über Ihre Staubsaugerdüse und saugen Sie damit über den Teppich. Die Kontaktlinse verfängt sich dann in dem Nylonstrumpf. Wenn dieser Trick nicht funktioniert, hilft es meist, das Zimmer zu verdunkeln und dann mit einer Taschenlampe den Fußboden abzuleuchten. Durch ihr Funkeln werden Sie dann die verlorene Linse leichter wieder finden können. Probieren Sie's aus!

Kontoauszüge

Die Zusendung von Kontoauszügen durch die Bank kostet häufig Gebühren. Wenn Sie die Bankdaten per Onlinebanking oder am Automaten in der Bank abfragen, können Sie sich diese Ausgaben sparen.

Kontogebühren

Bei einigen Banken bezahlen Sie Gebühren für Buchungen, Überweisungen usw. Wenn Sie die Kontoauszüge mal durchschauen, werden Sie sehen, dass hier pro Jahr einiges an Kosten zusammenkommt. Grund genug, die Bank zu wechseln. Angebote für kostenlose Girokonten gibt es reichlich. In der Regel ist die neue Bank dabei behilflich, Ihnen bei der Umstellung der Daueraufträge und Lastschriften zu helfen.

Korbgeflecht

Körbe und Möbel aus Korbgeflecht lassen sich leicht mit einer Bürste und warmem Salzwasser abbürsten. Wenn Sie dann noch mit einem weichen Tuch nachpolieren, wird das Korbgeflecht wieder wie neu.

Körperlotion

Wenn Sie nach dem Duschen die Körperlotion auf die noch nasse Haut auftragen, verbrauchen Sie bei gleichem Effekt deutlich weniger Lotion als auf trockener Haut. Zusätzlich versorgen Sie Ihre Haut mit reichlich Feuchtigkeit, was diese straffer und frischer aussehen lässt.

Kosmetikproben

Bei Kosmetikproben in Zeitschriften sollten Sie nicht achtlos weiterblättern. Packen Sie diese einfach in Ihren Kulturbeutel und nutzen Sie sie auf Ihrer nächsten Kurzreise.

Kosmetikstifte

Kosmetikstifte wie Kajal- oder Lippenstift lassen sich erheblich leichter und vor allem abfallärmer anspitzen, wenn Sie sie vorher in den Kühlschrank legen.

Krankheitskosten

Wenn Sie außerordentlich hohe Kosten für Medikamentenzuzahlungen usw. haben, können Sie diese meist von der Steuer absetzen. Sammeln Sie Belege über Kosten, die von Ihrer Krankenkasse nicht übernommen werden, und fragen Sie beim Finanzamt nach, ob Sie diese nicht als „außergewöhnliche Belastung" absetzen können.

Kräuter

Frische Kräuter wie Petersilie, Dill usw. bleiben länger frisch, wenn Sie sie in einer verschlossenen Plastiktüte im Kühlschrank aufbewahren.

Kuchen

Kuchen lässt sich ohne Probleme einfrieren. Wenn Sie also das nächste Mal backen, backen Sie doch gleich zwei Kuchen. Einen für sofort und einen für später. Bei Verwendung von Kastenformen passen beide Kuchen problemlos nebeneinander in den Ofen und Sie sparen Zeit, Strom und doppelten Abwasch.

Kuchenform

Kuchen lässt sich leicht aus der Form lösen, wenn Sie die Kuchenform vorher innen mit Speiseöl auspinseln und dann mit Paniermehl ausstreuen.

Küchengerüche

Um unangenehme und „lüftungsresistente" Küchengerüche zu beseitigen, brauchen Sie kein teures Raumspray. Erhitzen Sie einfach ein paar Wacholderbeeren oder etwas Zimt in der Pfanne und der Geruch ist weg.

Küchenpapier

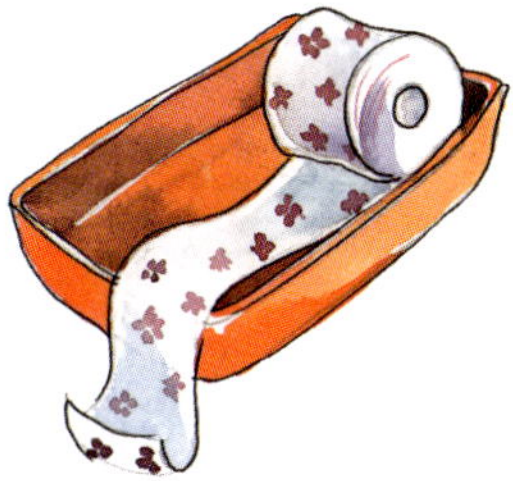

Küchenpapier von der Rolle ist meist sehr teuer. Um ein wenig verschüttete Flüssigkeit aufzuwischen oder die Herdplatten zu reinigen, können Sie auch genauso gut etwas Toilettenpapier verwenden.

Küchenreibe

Küchenreiben werden mit der Zeit stumpf. Die Reibe lässt sich leicht wieder schärfen, indem Sie mit einem Stück Schleifpapier ein paar Mal entgegen der Reibrichtung gehen.

Kugelschreiber

Scheinbar leer geschriebene Kugelschreiberminen lassen sich wieder benutzen, wenn Sie sie einige Zeit in heißes Wasser legen.

Kugelschreiber- und Filzstiftflecken

Um Flecken von Kugelschreibern oder Filzstiften aus der Kleidung zu entfernen, legen Sie diese einfach über Nacht in Milch ein. Wenn Sie die Wäsche dann am nächsten Tag wie gewohnt waschen, verschwindet der Fleck meist von allein und Sie müssen die Wäsche nicht in die Reinigung bringen. Alternativ zu Milch können Sie bei Kugelschreiberflecken auch das Beträufeln mit Zitronensaft vor der Wäsche versuchen.

Kühlelemente

Kühlelemente für das sommerliche Picknick oder den Einkauf von Tiefkühlkost kann man nie genug haben. Sie lassen sich leicht selbst herstellen, wenn Sie leere Plastikflaschen mit Salzwasser füllen. Besonders geeignet sind hierzu flache Flaschen von Shampoo oder Duschgel. Um eine gesättigte Salzlösung als Füllung herzustellen, geben Sie so viel Salz in das Wasser, bis sich kein zusätzliches Salz mehr lösen lässt und somit der Sättigungspunkt erreicht ist. Die so vorbereiteten Kühlelemente lagern Sie nun bis zum Gebrauch in Ihrer Gefriertruhe.

Kühlschrankdichtung

Wenn die Gummidichtungen Ihres Kühlschranks oder Ihrer Gefriertruhe nicht mehr vernünftig schließen, verbrauchen die Geräte mehr Energie, um die entweichende Kälte auszugleichen. Überprüfen Sie daher regelmäßig die Dichtungen. Neue Dichtungen kosten nicht die Welt und sind im Baumarkt erhältlich. Damit Dichtungen nicht mit der Zeit spröde werden, sollten Sie sie regelmäßig mit Glyzerin aus der Apotheke pflegen.

Kühlschränke und Gefriertruhen

Kühlschränke und Gefriertruhen verbrauchen umso weniger Energie, je kälter der Raum ist, in dem sie stehen. Aus dem gleichen Grund sollten sie auch keiner direkten Sonnenstrahlung ausgesetzt oder in der Nähe des Herdes oder der Spülmaschine aufgestellt werden. Auch sollte das Gerät mit der Rückseite nicht direkt an der Wand stehen.

Wenn Sie zusätzlich noch auf ein regelmäßiges Entstauben der rückseitigen Lüftungsschlitze achten, damit die Luft frei zirkulieren kann, können Sie im Handumdrehen eine Menge Stromkosten einsparen.

Kühlschrankfüllung

Wenn man den Kühlschrank öffnet, tritt eine Menge gekühlte Luft aus. Dies sorgt für erhöhten Stromverbrauch, da der Kühlschrank im Anschluss diesen Kälteverlust erst wieder ausgleichen muss. Packen Sie Ihren Kühlschrank daher immer möglichst voll und öffnen Sie ihn nicht unüberlegt. Auf diese Weise kann nicht so viel kalte Luft entweichen.

Kühlschrankgerüche

Spezielle Geruchsvertilger für den Kühlschrank braucht man nicht zu kaufen. Wenn Sie den Kühlschrank hin und wieder mit Essigwasser auswaschen, duftet er stets frisch. Ein kleines Schälchen mit Essig im Kühlschrank sorgt dauerhaft dafür, dass keine neuen Gerüche entstehen.

Kühlschranktemperatur

Selbst wenn Sie Ihren Kühlschrank auf die niedrigste Stufe herunterschalten, kühlt er immer noch so ausreichend, dass die Lebensmittel auch bei hohen Außentemperaturen nicht verderben.

Kupfer

Verschmutztes Kupfer lässt sich am effektivsten mit einer Mischung zu gleichen Teilen aus Salz und Buttermilch reinigen. Genau wie teure Spezialreinigungsmittel lässt man die Mischung ein paar Minuten einwirken und poliert dann mit einem weichen Tuch nach.

Lackleder

Wenn Sie Ihre Lackschuhe regelmäßig mit Olivenöl polieren, glänzt das Material schön und wird nicht so leicht spröde und rissig. Eine gute Alternative zu Olivenöl ist das Polieren mit der Innenseite einer Bananen- oder Orangenschale. Auch hierdurch wird Lackleder wie neu.

Lackschäden

Kleine Lackschäden am Auto lassen sich preiswert mit einem farblich passenden Wachsmalstift ausbessern. Zum Schutz lackieren Sie die Stelle anschließend einfach noch mit farblosem Nagellack.

Lange Streichhölzer

Lange Streichhölzer zum Anzünden von tief ausgebrannten Kerzen oder auch tiefen Windlichtern sind teuer. Rohe Spagetti sind in einem Haushalt immer vorhanden und eignen sich genauso gut.

Last Minute

Am günstigsten können Sie Ihre Urlaubsreise meist direkt am Flughafen buchen. Um garantiert noch genügend Auswahl zu haben, sollten Sie sich ungefähr zwei bis drei Wochen vor Beginn der Reise bei den Reisebüros am Flughafen umschauen. Aufgrund der großen Konkurrenz der Reiseveranstalter untereinander können Sie hier die besten Schnäppchen machen und zudem noch aus einer Vielzahl von Angeboten wählen. Ganz Mutige gehen einfach mit gepacktem Koffer an den Flughafen und lassen sich selbst überraschen, wohin sie die Reise führen wird. Denn gerade Restplätze werden oft um ein Vielfaches günstiger angeboten.

Lautsprecher

Brummende Lautsprecher braucht man nicht wegzuwerfen oder teuer reparieren zu lassen. Meist ist nur ein winziges Stück der Membran eingerissen. Diese kann man leicht mit etwas Nagel- oder Klarlack reparieren.

Lebensmitteleinkauf

Studien über das Kaufverhalten haben ergeben, dass man mit leerem Magen deutlich größere Mengen an Lebensmitteln einkauft. Gehen Sie daher niemals mit leerem Magen einkaufen!

Lebkuchen

Hart gewordene Lebkuchen sollten Sie nicht unüberlegt wegwerfen. Sie lassen sich ideal als Soßenbinder für Rinderbraten verwenden. Mit Lebkuchen bekommt Ihre Bratensoße sogar einen besonders pikanten Geschmack und damit das „gewisse Etwas".

Leder

Leder glänzt auch ohne eine teure Spezialpolitur wie neu, wenn Sie es mit geschlagenem Eiweiß abreiben. Anschließend sollten Sie unbedingt mit einem weichen Lappen nachpolieren, damit es seinen Glanz erhält. Ähnlich gute Ergebnisse erzielt man durch die Politur mit preiswertem Melkfett. Um verschmutztes Glattleder zu reinigen, eignen sich besonders die Innenseiten von Orangen- und Bananenschalen. Probieren Sie es doch einfach mal aus!

Legosteine

Legosteine werden wieder wie neu, wenn Sie sie bei 30° C in einem Wäschenetz in der Waschmaschine waschen. Wenn Sie kein Wäschenetz zur Hand haben, ist ein Kopfkissenbezug eine gute Alternative. Auf das Schleudern sollten Sie jedoch verzichten, da die Steine sonst Schaden nehmen könnten.

Leihgeräte

Wenn Sie nicht gerade ein chronischer Heimwerker sind und Elektrogeräte wie eine Bohrmaschine nur einmal im Jahr benötigen, ist die Anschaffung solcher Geräte nicht sinnvoll. Anstatt diese für teures Geld zu kaufen, können Sie sie meist beim freundlichen Nachbarn leihen oder in einer Vielzahl von Heimwerkermärkten mieten.

Licht ausschalten

Wenn Sie ein beleuchtetes Zimmer nur kurz verlassen, sollten Sie darauf verzichten, das Licht auszuschalten. Ein kurzes Ausschalten des Lichts verkürzt nämlich die Lebensdauer Ihrer Glühbirnen und spart nur unwesentlich Strom.

Lippenstift

Wenn Sie Ihren Lippenstift wie die Visagisten mit einem kleinen Pinsel auftragen, können Sie diesen erheblich sparsamer verbrauchen und auch Reste problemloser verwerten.

Lippenstift zerbrochen

Falls Ihnen ein Lippenstift mal durchbricht, erhitzen Sie die Bruchenden einfach mit einem Feuerzeug und pressen Sie diese wieder zusammen. Nach ein paar Stunden im Kühlschrank ist der Lippenstift wieder einsatzbereit.

Luftbefeuchter

Um die Luft in beheizten Räumen anzufeuchten, braucht man keinen teuren Luftbefeuchter. Hängen Sie einfach ein feuchtes Handtuch über die Heizung und die Luft wird durch Verdunstung ausreichend befeuchtet.

Make-up

Zur Entfernung von Make-up brauchen Sie keine teuren Spezialprodukte zu kaufen. Ganz normales Babyöl reinigt genauso gut und ist erheblich preiswerter.

Mangelhafte Ware

Achten Sie beim Einkauf auf Mängel an der Ware, wie z. B. bei Kleidung auf unsaubere Nähte, Flecken & Co. Wenn Sie den Verkäufer darauf hinweisen, wird er Ihnen oft einen Rabatt dafür einräumen und Ihnen die Ware günstiger verkaufen. Einen abgerissenen Knopf kann man schließlich auch zu Hause wieder anbringen, ohne dadurch wesentliche Qualitätseinbußen in Kauf zu nehmen.

Marderschaden

Marder suchen in der kühleren Jahreszeit gerne ein warmes Plätzchen unter der Motorhaube auf, um dort zu übernachten. Leider beißen sie hier alle möglichen Kabel durch und verursachen hohe Kosten bei der Reparatur Ihres Autos. Wenn Ihre Wohngegend nicht marderfrei ist, können Sie den Marder jedoch mit einem ganz normalen, handelsüblichen Wecker vertreiben. Einfach einen billigen und laut tickenden Wecker unter die Motorhaube stellen und Sie werden sehen, der Marder wird fortan Ihr Auto meiden.

Markenprodukte

Meist sind Produkte von so genannten „No-Name“-Firmen qualitativ genauso gut wie teure Markenprodukte. Vergleiche der einzelnen Produkte finden Sie in der Bücherei in den Zeitschriften der „Stiftung Warentest“, die diese Produkte unabhängig testet. Zusätzlich erkennen Sie versteckte Markenfirmen immer an dem Herstellercode, dem so genannten „EWG-Code“ auf der Verpackung. Vergleichen Sie mal die Codes und Sie wissen innerhalb kürzester Zeit, wer wirklich hinter dem No-Name-Produkt steckt.

Markt

Wochenmärkte bieten preiswerte Einkaufsmöglichkeiten für Obst und Gemüse. Gegen Abend werden die Preise bei verderblicher Ware oft drastisch reduziert. Kurz vor Marktende kann man hier somit die besten Schnäppchen machen.

Marzipan

Marzipanrohmasse für vorweihnachtliche Backrezepte ist in der Regel teurer als Marzipanbrote. Um preiswert an Marzipanrohmasse zu kommen, kaufen Sie in der Vorweihnachtszeit einfach mit Schokolade überzogene Marzipanbrote und legen diese kurz in das Gefrierfach. Gefroren lässt sich die Schokoladenhülle problemlos entfernen und Sie können die Marzipanmasse wie gewohnt verarbeiten.

Massageöl

Teures Massageöl aus dem Wellnessshop braucht man nicht zu kaufen. Versuchen Sie doch einfach mal eine Mischung aus Olivenöl und Zitronensaft. Das ist viel billiger, duftet ebenso angenehm und macht jede Massage zu einem einmaligen Erlebnis.

Medikamente

Eine große Anzahl von Arzneimitteln gibt es als qualitativ gleichwertige, aber kostengünstigere Kopie von anderen Herstellern. Fragen Sie Ihren Apotheker einfach mal nach solchen „Generika“ und lassen Sie sich von ihm beraten.

Mehrwertsteuer

Wenn Sie im Urlaub außerhalb der EU Waren einkaufen, können Sie sich die Mehrwertsteuer auf diese Artikel zurückerstatten lassen. Geschäfte, die einen solchen Service anbieten, erkennen Sie an einem blauen „Tax free“-Schild. Diese stellen Ihnen dann einen Tax-free-Cheque aus, der von Ihrem Zollbeamten abgestempelt wird und dann bei der Fa. Global Refund Headquarters gegen Bares eingetauscht wird.

Mengenrabatt

Wenn Sie von derselben Ware eine größere Menge abnehmen, gewähren Händler in der Regel Mengenrabatt. Planen Sie also z. B. die Anschaffung eines neuen Fahrrades, so versuchen Sie, den Kauf mit anderen Personen wie Kollegen oder Freunden zu koordinieren. Neben dem Mengenrabatt können Sie dann eventuell noch Schnäppchen in Form von kostenlosen Zugaben erwirken.

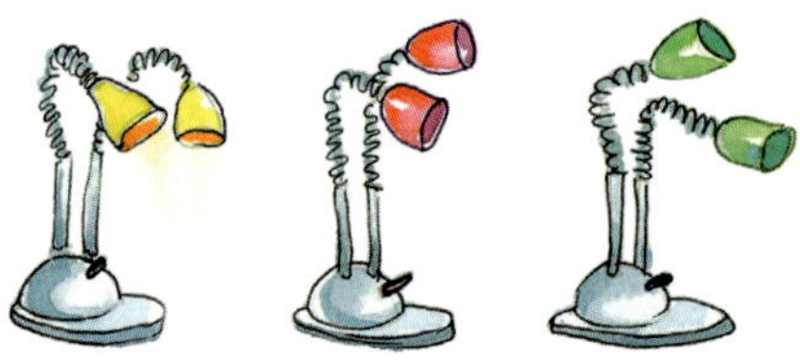

Messerabatt

Auf Verbrauchermessen gibt es häufig einen so genannten Messerabatt auf die angebotenen Waren. Meist ist es auch üblich, dass die Waren am letzten Messetag preiswerter als an den übrigen Messetagen verkauft werden. Nutzen Sie diese beiden Möglichkeiten, um eine Menge Geld zu sparen.

Messing

Um angelaufenes Messing zu reinigen, braucht man kein teures Spezialmittel. Wenn man es mit einer halbierten Zitrone putzt und anschließend mit Petroleum poliert, wird es wieder wie neu.

Mietkaution

Wenn Ihr Vermieter Ihre Mietkaution anstatt auf einem niedrig verzinsten Sparbuch in Rentenfonds anlegt, erzielen Sie einen deutlich höheren Zinsgewinn auf Ihr Guthaben. Sprechen Sie mit Ihrem Vermieter und Ihrer Bank über diese Form der Geldanlage.

Mietwagen

Wenn Sie Ihren Mietwagen schon vor Antritt der Reise buchen, bekommen Sie meist günstigere Versicherungskonditionen und Preise als vor Ort. Erkundigen Sie sich bei Ihrem Reiseveranstalter oder im Internet danach.

Milben

Lästige Milben in Federbetten lassen sich wirkungsvoll vertreiben, wenn Sie Kopfkissen, Bettzeug usw. ein paar Stunden extremer Kälte aussetzen. Sie können sie hierzu entweder in die Gefriertruhe geben oder an frostigen Wintertagen auf den Balkon hängen.

Milchprodukte

Milchprodukte werden meist ein bis zwei Tage vor Ablauf des Haltbarkeitsdatums deutlich im Preis reduziert. Achten Sie auf dieses Detail und sprechen Sie den Verkäufer im Supermarkt auf einen solchen Preisnachlass für die angebotenen Produkte an.

Mitfahrzentrale

Falls Sie eine längere Tour planen und die Sitzplätze Ihres Autos noch nicht alle belegt sind, melden Sie die freien Plätze der Mitfahrzentrale. In der Regel reicht die für die Mitfahrer erhobene Pauschale, um Ihre Spritkosten zu 100 % zu decken.

Mitnahmeartikel an der Supermarktkasse

So genannte Mitnahmeartikel wie Schokoladenriegel & Co. an den Supermarktkassen verleiten die Kunden immer wieder zum Zugreifen. Kinder kommen hier noch weitaus mehr in Versuchung als wir Erwachsenen. Aus diesem Grund werden diese so genannten Displays auch in „Kinderaugenhöhe“ angebracht. Damit er nicht der Versuchung erliegt, geben Sie Ihrem Sprössling am besten einen Apfel zu essen. So überstehen Sie die Wartezeit auch ohne überteuerte und zuckerhaltige Neuerwerbungen.
Für Erwachsene bietet sich der folgende Trick an: Rechnen Sie kurz die Kosten des Einkaufs im Kopf durch. Unter normalen Umständen sollte Ihnen dann der Appetit gründlich vergangen sein.

Möbel

Von wenigen Ausnahmen abgesehen müssen Möbel nicht unbedingt fabrikneu sein. Bei der Ausstattung Ihrer Wohnung können Sie daher viel Geld sparen, wenn Sie gebrauchte Möbel kaufen. Sehr preiswerte Möbel bekommt man bei Wohnungsauflösungen, die meist in der Zeitung angekündigt werden, oder in den Möbelkammern der Wohlfahrtsverbände. Ganz umsonst gibt es Möbel auf dem Sperrmüll. Meist sind die Möbel intakt und noch gut in Schuss. Sollte ein kleiner Kratzer oder ein defektes Scharnier vorliegen, lässt sich dieses meist problemlos restaurieren und Sie bezahlen nur einen Bruchteil davon, was ein neues Möbelstück kosten würde.

Möbelpolitur

Möbelpolituren sind bekanntlich teuer. Reste von Sonnenmilch eignen sich hervorragend als Ersatz dafür und verleihen dem Holz einen ebenso edlen Glanz.

Moosbewuchs

Zwischen den Steinplatten auf dem Balkon oder der Terrasse wächst häufig unschönes Moos. Für die Entfernung brauchen Sie sich keine teuren Spezialmittel zuzulegen: Geben Sie einfach einen Beutel Backpulver in kochendes Wasser und bürsten Sie die Stellen damit gründlich ab.

Mückenschutz

Mücken sind im Sommer eine Plage. Anstatt sich mit einem teuren Anti-Mückenmittel einzureiben, können Sie auch gewöhnlichen Zitronensaft verwenden. Auch diesen scheuen die Mücken wie der Teufel das Weihwasser.

Müll

Wenn Sie den Müll trennen und die Abfallentsorgung in die Restmülltonne auf diese Weise sichtbar reduzieren, können Sie reichlich Nebenkosten sparen. Die Entsorgung von Abfall mit dem „Grünen Punkt“ haben Sie schon beim Einkauf mitbezahlt. Daher sollten Sie diesen auch nur in die gelbe Tonne entsorgen. Altpapier, Altkleider und Glas können Sie völlig unproblematisch und kostenfrei an Sammelcontainern einwerfen.

Müllbeutel

Leere Toilettenpapierbeutel oder leere Obstbeutel lassen sich immer noch hervorragend als Müllbeutel weiterverwenden. Wenn sie dann voll sind, ist es immer noch früh genug, sie wegzuwerfen.

Musikinstrumente

Musikinstrumente für den Nachwuchs sind teuer. Da man häufig zu Beginn der musikalischen Erziehung nicht weiß, ob das Kind auch längerfristig Interesse daran hat, das Instrument zu spielen, will ein Kauf gut überlegt sein. Hinzu kommt, dass meist für Kinder im Wachstum auch unterschiedlich große Instrumente benötigt werden. Die meisten Musikschulen oder Musikgeschäfte verleihen daher gegen geringe Gebühren Instrumente, sodass Sie nicht sofort ein teures Instrument kaufen müssen.

Nachfüllpackungen

Es ist meist billiger, Nachfüllpackungen für Gewürze, Seife usw. zu kaufen, als jedes Mal einen neuen Gewürzstreuer bzw. eine neue Kleinpackung zu besorgen. Neben der Umwelt freut sich somit auch Ihre Geldbörse.

Nagel

Wenn Sie einen Nagel in Holz einschlagen, besteht dabei immer die Gefahr, dass sich das Holz spaltet und irreparablen Schaden nimmt. Damit das nicht passiert, sollten Sie die Nagelspitze vorher einmal kurz mit dem Hammer stumpf schlagen. Sie werden sehen, es funktioniert.

Nagellack

Damit selten benutzter Nagellack immer schön streichfähig bleibt, sollten Sie die Flasche im Kühlschrank aufbewahren. Hierdurch erhöht sich die Haltbarkeit um ein Vielfaches.

Nagellackflecken

Durch Nagellackflecken verschmutzte Kleidung braucht man nicht unbedingt sofort in die Reinigung zu bringen. In den meisten Fällen hilft es, etwas Nagellackentferner auf ein Stück Watte zu tropfen und den Fleck damit zu betupfen, bis sich der Nagellack löst. Anschließend die Kleidung wie gewohnt waschen.

Nagellackflasche

Das Gewinde von Nagellackflaschen verklebt leicht. Um nicht irgendwann die Flasche überhaupt nicht mehr öffnen zu können, sollten Sie das Gewinde mit etwas Öl einreiben.

Nagelpflege

Fingernägel und das Nagelbett sind oft spröde und rissig. Abhilfe schaffen hier spezielle Nagelcremes aus der Kosmetikabteilung des Warenhauses. Um nicht ein Vermögen für teure Kosmetika auszugeben, sollten Sie einen Versuch mit normalem Olivenöl machen. Dieses ist viel preiswerter und ideal zur Nagelpflege geeignet.

Nussöl

Nussöle sind in der Delikatessenabteilung sehr teuer, aber meist für vollendete Salatdressings unverzichtbar. Stellen Sie Ihr Nussöl daher einfach selbst her: Mahlen Sie die Nüsse fein, rösten Sie sie in der Pfanne und füllen Sie sie mit Distel- oder Rapsöl in eine Flasche. Nach ein bis zwei Wochen haben Sie ein äußerst schmackhaftes Nussöl. Probieren Sie es mal mit Wal- oder Macadamianüssen!

Obst

Meist ist es preiswerter, Obst selbst zu pflücken, als es im Geschäft zu kaufen. Wenn Sie mit dem Auto an einem Obstbaum vorbeifahren, der den Eindruck erweckt, vom Besitzer nicht abgeerntet zu werden, machen Sie doch einfach den Besitzer ausfindig und fragen Sie ihn, ob Sie seinen Baum abernten dürfen. Meist wird er Ihnen dieses nicht verwehren, vor allem, wenn Sie sich mit selbst gekochtem Apfelkompott, selbst gekochter Kirschmarmelade oder anderen kulinarischen Hochgenüssen dafür erkenntlich zeigen.

Obst und Gemüse schälen

Sparschäler sind unentbehrlich für jeden Haushalt. Nicht nur Kartoffeln, sondern auch andere Gemüsesorten und Früchte lassen sich hiermit problemlos und abfallarm schälen. Versuchen Sie es mal bei Kiwis, Äpfeln, Mangos oder auch Gurken. So sparsam wie mit einem Sparschäler bekommt man es mit einem Küchenmesser nicht hin.

Obstkonserven

Übrig gebliebenen Saft aus Obstkonserven sollten Sie auf keinen Fall wegschütten, das wäre Verschwendung. Probieren Sie es doch mal mit den folgenden Tipps: Sie können den Saft entweder sofort trinken oder Sie kochen mit Gelierzucker daraus ein leckeres Fruchtgelee, das Ihre Frühstückstafel bereichern wird. Ihre Familie wird bestimmt begeistert sein!

Obstnetze

Obstnetze z. B. von Orangen oder Zitronen sollten Sie nicht gleich wegwerfen. Sie lassen sich hervorragend zu Reinigungszwecken in der Küche einsetzen und sind beim Abwasch von schmutzigem Geschirr eine echte Hilfe.

Öl

Mit Speiseöl hat man oft das Problem, dass es schneller verdirbt, als man es aufbrauchen kann. Es hält sich wesentlich länger, wenn Sie es dunkel lagern und eine Prise Salz dazugeben.

Ölbad

Ölbademittel sind teurer als herkömmliche Badezusätze. Wenn Sie dem Badewasser einen Spritzer Babyöl hinzufügen, erzielen Sie den gleichen Effekt und Ihre Haut wird genauso gepflegt wie mit einem teuren Ölbadezusatz.

Ölheizung

Rußrückstände in der Ölheizung tragen zu hohen Wärmeverlusten bei. Durch regelmäßige Reinigung des Kessels von Ruß und sonstigen Rückständen können Sie daher viel Heizöl sparen.

Olivenöl

Olivenöl bleibt länger frisch und wird nicht so schnell ranzig, wenn Sie zu dem Öl ein Stück Würfelzucker geben.

Orangensaft

Sicherlich trinken auch Sie gerne frisch gepressten Zitrussaft. Wenn Sie Orangen oder sonstige Zitrusfrüchte vor dem Auspressen kräftig durchkneten, wird die Saftausbeute beim Auspressen wesentlich höher. Denselben Effekt erzielen Sie, wenn Sie die Früchte vorher in der Mikrowelle oder im heißen Wasserbad kurz erhitzen.

Orangenschalen

Ausgepresste Orangenschalen sollte man nicht wegwerfen. Wenn sie ungespritzt sind, kann man sie dünn abreiben und trocknen, um sie später für Desserts oder Kuchen zu verwenden.

Ordnung im Kühlschrank

Wenn Sie Ihren Kühlschrank geordnet und nach Konzept einräumen, brauchen Sie nicht so lange, um benötigte Lebensmittel wieder zu finden. Hierdurch können Sie die Tür schneller wieder schließen und sparen so Energiekosten.

Osterartikel

Osterartikel sind meist nach den Festtagen am günstigsten, wenn die Händler die Ware abstoßen müssen, um im Lager Platz zu schaffen. Nutzen Sie die Gelegenheit, um sich für die nächsten Feiertage preisgünstig einzudecken.

Ostereier

Ostereierfarben braucht man nicht teuer zu kaufen. Wenn Sie etwas Essig mit schwarzem Tee oder Zwiebelschalen mischen, werden die Eier braun, wenn Sie Essig mit Gras mischen, werden die Eier grün. Und bei einer Mischung von Rote-Bete-Saft oder Hagebuttentee mit Essig werden die Eier rosa.

Panadereste

Nach dem Panieren von Schnitzeln bleibt in der Regel immer Ei und Paniermehl übrig. Dieses brauchen Sie jedoch nicht wegzuwerfen. Verkneten Sie beides miteinander und formen Sie daraus kleine Knödel. Diese sind dann eine hervorragende Einlage für die nächste Suppe und lassen sich bis dahin problemlos im Gefrierfach aufbewahren.

Panieren

Um Ihr Schnitzel preiswert zu panieren, müssen Sie es nicht in Mehl und Paniermehl wälzen. Wenn Sie Mehl und Paniermehl mit einem Sieb über das Schnitzel sieben, brauchen Sie anschließend nicht so viel wegzuwerfen. Auch müssen Sie das Schnitzel nach dem Mehlieren nicht unbedingt in Ei baden. Ein bisschen Dosenmilch reicht genauso, um das Paniermehl festkleben zu lassen.

Papier für Fax & Drucker

Wenn auch Ihr Briefkasten täglich mit überflüssiger Werbepost gefüllt wird, haben Sie eine ideale Papierquelle für Ihr Fax und Ihren Drucker. Die ungenutzten Rückseiten der Werbebriefe können Sie konsequent für Ihre Ausdrucke nutzen und sparen bei den Papierkosten erheblich Geld.

Papiertaschentücher

Papiertaschentücher sind teuer und können bei einem ordentlichen Schnupfen richtig ins Geld gehen. Toilettenpapier von der Rolle ist billiger und pflegt die verschnupfte Nase genauso gut. Vielleicht sollte man sich auch mal wieder an das gute alte Taschentuch aus Stoff erinnern.

Parfüm

In Dutyfreeshops an Flughäfen sind Parfüms & Co. meist am preiswertesten. Daher der Tipp: Wenn Bekannte von Ihnen gerade in Reisevorbereitungen stecken, bitten Sie diese doch einfach mal, Ihnen das eine oder andere Lieblingsparfüm von dort mitzubringen.

Parfüm auftragen

Haben Sie schon einmal bemerkt, dass sich Parfümduft auf eingecremter Haut erheblich länger hält als auf trockener Haut? Aus diesem Grund sollten Sie die infrage kommenden Hautstellen vorher mit etwas Creme einfetten. So brauchen Sie erheblich weniger von Ihrem teuren Parfüm als normalerweise.

Eine praktische Variante hierzu: Geben Sie einfach ein paar Tropfen Ihres Parfüms in eine geruchsneutrale Körperlotion oder in Babyöl und tragen Sie dieses anstelle des Parfüms auf Ihre Haut auf. Der erzielte Effekt wird Sie bestimmt begeistern!

Parken

Gebührenpflichtige Parkplätze gehen gewaltig ins Geld. Daher sollten Sie sie möglichst meiden. Meist reicht es, das Auto beim Einkaufen ein Stück vom Stadtkern entfernt in der Nähe einer Bushaltestelle zu parken und dann zum Kurzstreckentarif mit dem Bus in die Innenstadt zu fahren. Wer gut zu Fuß ist, kann sich die Busfahrt sparen und tut nebenbei etwas für die Gesundheit.

Parkett

Ein versiegelter Parkettfußboden wird meist genauso glänzend wie mit Parkettpolitur, wenn Sie dem Wischwasser schwarzen Tee zusetzen.

Party

Bei Partys schlagen insbesondere die Kosten für Speisen und Getränke gewaltig zu Buche. Veranstalten Sie daher doch mal eine so genannte „Bottle-Party“, bei der jeder Gast (anstelle meist überflüssiger Gastgeschenke) etwas zu trinken oder zu essen mitbringt. Wenn Sie vorher eine Liste herumreichen, in die jeder sein Mitbringsel einträgt, ist bei der Party zum Nulltarif garantiert für alles gesorgt.

Petersilie

Petersilie lässt sich hervorragend einfrieren. Auf diese Weise bleibt sie wesentlich länger haltbar. Ein günstiger Zusatzeffekt der Einfriermethode: Wenn Sie den Beutel der hart gefrorenen Petersilie einmal kräftig durchkneten, können Sie die Petersilie so ganz einfach in kleine Teilstücke zerbrechen. Das lästige Kleinschneiden können Sie sich dann praktischerweise sparen.

Petroleum

Wenn Sie dem Petroleum in Ihrer Petroleumlampe einen Löffel Salz hinzufügen, brennt das Petroleum erheblich langsamer ab.

Pfandhaus

Häufig werden beliehene Gegenstände im Pfandhaus von ihrem Besitzer nicht mehr ausgelöst und die Gegenstände müssen versteigert werden. Hier lassen sich dann sehr gut Schnäppchen machen. Fragen Sie daher doch mal im nächsten Pfandhaus nach entsprechenden Versteigerungsterminen.

Pfannenbeschichtung

Damit die Beschichtung Ihrer Pfannen lange hält, sollten Sie die Pfannen immer so stapeln, dass ein Stück Stoff zwischen den einzelnen Pfannen liegt. So hält die empfindliche Beschichtung der Pfannen erheblich länger.

Pfannenwahl

Wenn Bratpfanne & Co. gut beschichtet sind, können Sie sich die Zugabe von Öl zum Braten meist sparen. Neben Ihrem Geldbeutel profitiert so auch Ihre Gesundheit davon.

Pinsel

Hart gewordene Malerpinsel braucht man nicht wegzuwerfen. Sie lassen sich leicht in heißem Essig wieder aufweichen. Und anschließend mit warmem Seifenwasser ausspülen.

Pizza

Für eine kleine Pizza müssen Sie nicht unbedingt den Backofen aufheizen. Energiesparender und schneller geht es meist, wenn Sie sie in einer Pfanne mit Deckel backen. Hier wird sie genauso knusprig wie im Ofen.

Pralinenpackungen

Pralinen sind meist aufwändig in hübsche Plastikbehälter eingepackt. Wenn die Pralinenschachteln leer sind, eignen sich die Plastikbehälter immer noch hervorragend dazu, darin Eiswürfel für die nächste Party zuzubereiten oder geschmolzene Schokoladenreste hineinzugeben und so neues Konfekt herzustellen.

Preiswerte Elektrogeräte

Elektrische Geräte wie Waschmaschine oder Kühlschrank sind oft viele Jahre in Gebrauch. Lassen Sie sich daher beim Kauf nicht von einem billigen Verkaufspreis ködern, sondern achten Sie auf den Stromverbrauch. Ein höherer Anschaffungspreis wird hier oftmals durch den niedrigeren Stromverbrauch in kürzester Zeit wieder wettgemacht.

Puddingförmchen

Verschlusskappen von Sprühsahne & Co. eignen sich hervorragend als Puddingförmchen. Prüfen Sie daher bei jeder Müllentsorgung, ob sich vielleicht die eine oder andere „Gratispuddingform“ darunter befindet.

Putzen

Wenn Sie sich im Haushalt nicht täglich um Keimfreiheit bemühen, verbrauchen Sie wesentlich weniger Putzmittel. Überlegen Sie daher gut, ob es unbedingt nötig ist, sich im Küchenboden spiegeln zu können. Eventuell reicht ja auch ein Besen, mit dem Sie einfach mal durchkehren. Wenn Sie mit Wasser und Putzmittel putzen, dann immer von sauber nach schmutzig. Also zuerst die Küchenschränke und dann mit dem gleichen Wasser den Boden putzen.

Putzlappen

Putzlappen muss man nicht kaufen. In jedem Haushalt fallen alte Wäschestücke an, die man mit wenig Aufwand in viele kleine Putzlappen zerschneiden kann. Am allerbesten eignen sich dazu Handtücher, Bettlaken und Bettbezüge.

Putzmittel

Ein Universalputzmittel zu kaufen, ist meist preiswerter als eine Sammlung teurer und in vielen Fällen auch nicht wirksamerer Spezialmittel. Egal, was die Werbung verspricht: Ums Scheuern und Reiben kommen Sie auch mit dem besten Mittel nicht herum.

Quark

Um Speisequark restlos aus dem Plastikbecher zu bekommen, stechen Sie den Becherboden einfach kurz mit einem Messer an. Nun können Sie den Quark problemlos und vor allem ohne Reste aus dem Becher stürzen.

Radiergummi

Schmutzige Radiergummis radieren wieder rückstandsfrei und wie neu, wenn Sie die schmutzigen Stellen mit feinem Sandpapier abrubbeln.

Radieschen

Überlagerte Radieschen werden wieder knackig, wenn Sie die Blätter (nicht die Knollen) in kaltes Wasser legen. Nutzen Sie dieses Wissen, um beim Markthändler einen Preisnachlass für scheinbar „welke" Radieschen zu erwirken.

Rasen mähen

Je kürzer Sie den Rasen mähen, desto mehr Wasser kann bei Sonnenschein verdunsten. Der Nachteil: Sie müssen den Rasen häufiger sprengen, damit er nicht austrocknet. Mähen Sie den Rasen dagegen nur auf maximal 8 cm herunter, bleibt er auch bei seltener Sprengung immer schön grün.

Rasierklingen

Stumpfe Rasierklingen werden wieder scharf, wenn man mit einem Magneten mehrfach über die Klinge fährt.

Rasierschaum

Rasierschaum ist bekanntlich sehr teuer und sollte aus diesem Grund nicht fertig gekauft werden. Schon mit ein paar einfachen Handgriffen ist er in Windeseile selbst hergestellt, Sie brauchen nur einen Rasierpinsel und normale Seife. Auf diese Weise lässt sich der Schaum unkompliziert und zu einem Bruchteil des Preises selbst herstellen.

Raumluft

Trockene Raumluft wird als deutlich kälter empfunden als Raumluft mit höherer Luftfeuchtigkeit. Nutzen Sie diesen Effekt, um Ihre Heizkosten zu senken. Gießen Sie Ihre Zimmerpflanzen reichlich, um die Luftfeuchtigkeit zu erhöhen. In der Regel reicht es dann, die Räume auf 2–3° C weniger hochzuheizen, um die gleiche Wärmewirkung zu erzielen.

Raumspray

Billiger und ökologischer als ein Raumspray zur Lufterfrischung in Räumen ist es, ein Schälchen mit Zitronen- und Orangenschalen auf die Heizung zu stellen. Auch Kärtchen mit Parfümproben aus Zeitschriften kann man einfach mit einem Klebestreifen an die Heizung kleben und das Zimmer bekommt für zwei bis drei Tage einen angenehmen und frischen Duft zum Nulltarif. Verqualmte Räume werden über Nacht wieder frisch, wenn man vor dem Zubettgehen einen mit Essig getränkten Lappen über die Heizung hängt.

Rechtschreibfehler

Rechtschreibfehler in der Artikelbezeichnung bei Internetauktionen sind für den Verkäufer verheerend und für die gewieften Käufer ideale Aussichten auf ein Schnäppchen.

Als Käufer sollten Sie daher alle Möglichkeiten bei der Artikelsuche ausprobieren und als Verkäufer in jedem Fall solche Fehler vermeiden.

Regenschirme

Regenschirme werden häufig in öffentlichen Verkehrsmitteln und Einrichtungen liegen gelassen. Das ist Ihnen vermutlich selbst schon mal passiert. Solche Schirme werden bei Versteigerungsveranstaltungen angeboten, bei denen Sie sie zu einem Schnäppchenpreis ersteigern können. Die Termine für die Versteigerungen können Sie bei den Verkehrsbetrieben bzw. der Stadtverwaltung erfragen oder der Tagespresse entnehmen.

Reifendruck

Ein zu geringer Reifendruck erhöht den Spritverbrauch um etwa 5 %. Prüfen Sie daher regelmäßig den Reifendruck, um Ihre Benzinkosten zu senken. Die korrekten Werte finden Sie meist auf der Innenseite des Tankdeckels. Generell sollten Sie den Reifendruck bei kalten Reifen, also vor einer längeren Fahrt, prüfen.

Reinigungsschwämme

Bei regelmäßigem Gebrauch werden Haushaltsschwämme sehr schnell unansehnlich. In einem solchen Fall brauchen Sie diese aber nicht gleich wegzuwerfen. Einfach bei der nächsten Wäsche mit in die Waschmaschine geben und sie werden wieder wie neu.

Reis

Vom Essen übrig gebliebener Reis lässt sich hervorragend in kleinen Portionen einfrieren und bei Gelegenheit als Suppeneinlage verwenden.

Reiseprospekte

Oft bekommen Sie die gleiche Urlaubsreise bei verschiedenen Reiseveranstaltern zu unterschiedlichen Preisen. Vergleichen Sie daher stets die Angebote aus mehreren Reisekatalogen miteinander. Sie werden sehen, auch wenn es sich um das gleiche Hotel handelt, gibt es oft beträchtliche Preisunterschiede.

Reißverschluss

Reißverschlüsse klemmen häufig. Sie brauchen jedoch den Reißverschluss deswegen nicht gleich auszutauschen. Fahren Sie einfach an den Zähnen mit einem Bleistift entlang oder reiben Sie diese mit Seife ein. Im Nu funktioniert der Reißverschluss wieder wie geschmiert. Klemmenden Reißverschlüssen beugt man am einfachsten vor, indem man sie vor der Wäsche in der Waschmaschine zuzieht.
Reißverschlüsse, an denen das Griffstück abgerissen ist, können Sie leicht reparieren, indem Sie das Griffstück durch eine Büroklammer ersetzen und diese mit farblich passendem Garn umwickeln.

Reklamation

Reklamieren Sie nicht zufrieden stellende Lebensmittel grundsätzlich beim Hersteller und nicht im Supermarkt. Schicken Sie diesem die Lebensmittel mit Verpackung. Verfassen Sie einen kurzen Brief dazu, der Sie als Stammkunde auszeichnet. In der Regel wird Ihnen der Hersteller daraufhin großzügigen Ersatz und kostenlose Zugaben senden.

Rollläden

Wenn Sie gegen Abend die Rollläden herunterlassen, können Sie durch die bessere Wärmedämmung reichlich Heizkosten einsparen.

Rosenbeete

Rosenbeete werden häufig von Blattläusen heimgesucht. Wenn Sie zwischen die Rosen einfach Lavendel pflanzen, werden die Plagegeister auf biologische Weise vertrieben.

Rosinen

Eingetrocknete Rosinen braucht man nicht wegzuwerfen. Sie werden wieder weich und fruchtig, wenn Sie sie in Zitronensaft einlegen.

Rost

Rost lässt sich mit Cola und einer alten Zahnbürste entfernen. Sollte sich der Rost als besonders hartnäckig erweisen, sollten Sie zum Abschmirgeln ein Stück zusammengeknüllte Alufolie zu Hilfe nehmen. Metallgegenstände wie Werkzeuge rosten nicht so schnell, wenn Sie ein Stück Kreide mit in den Werkzeugkoffer legen. Diese bindet die Feuchtigkeit und verhindert so den Rostbefall.

Rostflecken

Rostflecken in der Kleidung lassen sich meist mit Zitronensaft lösen. Beträufeln Sie daher den Fleck mit Zitronensaft und streuen Sie anschließend eine dicke Salzschicht darüber. Lassen Sie das Ganze über Nacht einwirken und waschen Sie dann am nächsten Morgen die Wäsche wie gewohnt. In der Regel können Sie sich dann eine chemische Reinigung sparen.

Rotweinflecken

Durch Rotweinflecken verschmutzte Kleidung braucht man nicht unbedingt sofort in die Reinigung zu bringen. Meist hilft es, die Kleidung über Nacht in einen Eimer mit Salzwasser zu legen. Dosieren Sie hierzu vier bis fünf Esslöffel Salz auf einen Eimer Wasser. Am nächsten Morgen waschen Sie die Wäsche dann wie gewohnt.

Rührkuchen

Selbst gebackener Rührkuchen trocknet schnell aus. Damit das nicht passiert, übergießen Sie ihn am besten direkt nach dem Backen mit etwas flüssiger Butter. So bleibt der Kuchen länger frisch und schmackhaft.

Safran

Teure Safranfäden für spanische Gerichte wie Paella lassen sich problemlos durch preiswertes Kurkuma ersetzen. Auch dieses verleiht der Paella ihr herrlich sonniges Antlitz.

Saftflecken

Durch Saftflecken verschmutzte Kleidung braucht man nicht unbedingt sofort in die Reinigung zu bringen. In den meisten Fällen hilft es, etwas Vollwaschmittel auf den angefeuchteten Fleck zu geben und einwirken zu lassen. Anschließend die Kleidung wie gewohnt waschen.

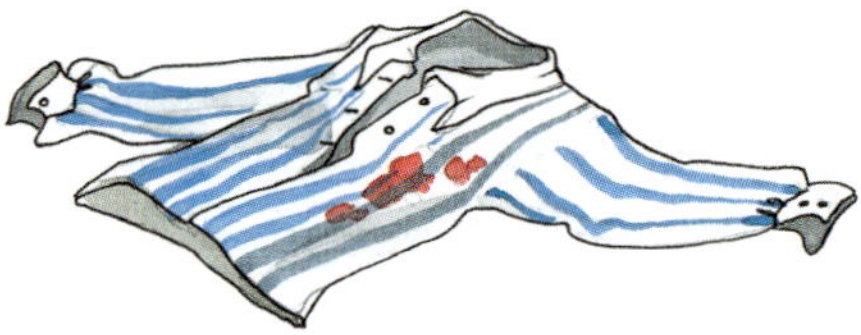

Sahne

Um geschlagene Sahne für Ihr nächstes Kaffeekränzchen preiswert zu verlängern, heben Sie einfach ein geschlagenes Eiweiß unter. Dadurch wird das Ganze nicht nur preiswerter, sondern auch fett- und damit kalorienärmer.

Salat

Mit einem praktischen Trick kann man Blattsalate länger frisch halten: Wickeln Sie sie einfach in feuchtes Zeitungspapier ein und lagern Sie sie im Kühlschrank. Wenn der Salat die Blätter schon etwas hängen lässt, können Sie das Folgende tun: Stellen Sie ihn einfach in eine Schüssel mit kaltem Wasser und geben Sie einen Spritzer Zitronensaft hinzu. Sie werden sehen, schon nach einer halben Stunde ist er wieder absolut frisch.

Salz

Salz im Salzstreuer wird nicht so schnell klumpig, wenn Sie ein paar Körnchen Reis mit in den Streuer geben.

Salzgebäck

Salzgebäck wird an der Luft schnell weich und somit ungenießbar. Damit es wieder knusprig wird, backen Sie es einfach kurz im Backofen auf. Nachdem es abgekühlt ist, lässt es sich am besten in einer Blechdose aufbewahren.

Salzteig

Salzteig ist ein idealer und preiswerter Ersatz für Knetgummi. Der Vorteil gegenüber Knetgummi ist, dass die fertigen Kunstwerke im Ofen getrocknet und anschließend sogar ganz einfach bemalt werden können. Salzteig stellen Sie aus Mehl und Salz im Verhältnis 2:1 her. Um einen Teig zu bekommen, geben Sie schluckweise Wasser hinzu, bis der Teig eine knetgummiartige Konsistenz hat.

Schälen

Tomaten, Nektarinen und Pfirsiche lassen sich abfallärmer schälen, wenn Sie sie vor dem Schälen mit heißem Wasser überbrühen. Hierdurch lässt sich dann die Haut ganz leicht abziehen.

Schallplatten

Verkratzte, aber lieb gewonnene Schallplatten lassen sich meist wieder störungsfrei abspielen, wenn Sie sie mit einem fusselfreien Tuch und etwas Maschinenöl abreiben. So können Sie Ihre Lieblingsmusik wieder ohne Probleme anhören.

Scheibenwischer

Abgenutzte Scheibenwischer wischen wieder wie neu, wenn Sie die Wischblattkante einmal mit feinem Sandpapier abziehen.

Scheren

Stumpfe Scheren lassen sich preiswert selbst schärfen. Schneiden Sie einfach damit mehrmals durch feines Schmirgelpapier und die Schere wird wieder scharf.

Scherkopf

Den verschmutzten Scherkopf Ihres Elektrorasierers können Sie auch ohne teure Spezialreiniger säubern: einfach über Nacht in ein Glas Wasser mit einem sprudelnden Gebissreiniger einlegen. Der Scherkopf wird wie neu!

Scheuermittel

Angebrannte Töpfe und Pfannen lassen sich mit Sand um ein Vielfaches preiswerter reinigen als mit teuren Scheuermitteln aus dem Supermarkt. Feinkörniger Sand und heißes Wasser reichen in der Regel völlig aus, um Kochgeschirr & Co. wieder zu neuem Glanz zu verhelfen.

Schinken

Schinken am Stück trocknet sehr leicht aus. Das ist besonders tragisch, wenn es sich um einen besonders teuren Schinken wie z. B. Serrano- oder Parmaschinken handelt. Um dem Austrocknen entgegenzuwirken, sollten Sie daher den Schinken und insbesondere die Schnittstellen regelmäßig mit fettem Speck einreiben.

Schlüssel

Schlüssel, die Roststellen aufweisen, brauchen Sie nicht gleich nachmachen zu lassen. Mit Terpentinöl lässt sich der Rost gut entfernen und der Schlüssel wird wie neu.

Schlussverkauf

Saisonware wird häufig nicht erst zu Beginn des eigentlichen Schlussverkaufs, sondern schon etwas früher im Preis reduziert. Beim eigentlichen Schlussverkauf sind die begehrten Stücke meist schon ausverkauft. Es lohnt sich daher meist, bereits ein paar Tage früher zuzuschlagen.

Schmirgelpapier

Schleif- oder auch Schmirgelpapier lässt sich deutlich effektiver anwenden, wenn Sie es um ein Stück Holz wickeln. Mit einem solchen Schmirgelklotz können Sie erheblich exakter arbeiten und auch das Papier wesentlich besser ausnutzen.

Schmuck

Schmuck kaufen Sie am preiswertesten in den ersten Januarwochen, wenn das Weihnachtsgeschäft vorbei ist.

Schmutzige Hemdkragen

Wenn Sie schmutzige Hemdkragen vor der Wäsche mit Haarshampoo einreiben, werden die Hemdkragen auch ohne Vorwäsche wie neu, da Shampoo das Körperfett am besten löst.

Schnecken

Um Ihre jungen Pflanzen im Garten vor Schnecken zu schützen, müssen Sie nur einen kleinen Schneckenzaun aus Kupferdraht um die Pflanzen errichten. Hierdurch werden die Schnecken preiswert und dazu noch umweltfreundlich von Ihren Pflanzen fern gehalten.

Schneeschippe

Beschichtete Schneeschippen, von denen sich der Schnee leichter löst, sind teuer. Den gleichen Effekt erzielen Sie, wenn Sie die Schaufel eines preiswerten Schiebers vor der Benutzung mit Öl einreiben. Der Schnee löst sich nun genauso leicht wie bei den Luxusmodellen.

Schneiderei

Anstatt regelmäßig Kleidungsstücke zum Ändern in eine Schneiderei zu bringen, sollten Sie erwägen, einen Nähkurs in Ihrer Volkshochschule zu belegen. Hier lernt man für ein paar Euro, wie man die meisten Reparaturen selbst ausführen kann.

Schnittkäse

Angetrockneten Schnittkäse brauchen Sie nicht wegzuwerfen. Er wird wieder weich, wenn Sie ihn in frische Milch einlegen. Generell ist Schnittkäse teurer als Käse am Stück. Überlegen Sie doch, ob Sie das nächste Mal nicht einfach den Käse am Stück kaufen und ihn mit einem Käsehobel selbst klein schneiden. Ihr Vorteil dabei: Er bleibt wesentlich länger frisch und Sie können dünnere Käsescheiben schneiden.

Schnitzel

Wenn Sie beim Metzger Schnitzel einkaufen, bekommen Sie meist überdurchschnittlich portionierte Fleischstücke. Kaufen Sie daher immer Rouladen. Diese sind erheblich dünner und lassen sich daher besser portionieren.

Schnürsenkel

Wenn die Plastikkappe am Ende eines Schnürsenkels abgefallen ist, franst er schnell aus und lässt sich nicht mehr so leicht einfädeln. Um den Schnürsenkel schnell zu reparieren, können Sie das Ende entweder in Nagellack tauchen oder einfach mit ganz normalem Tesafilm umwickeln.

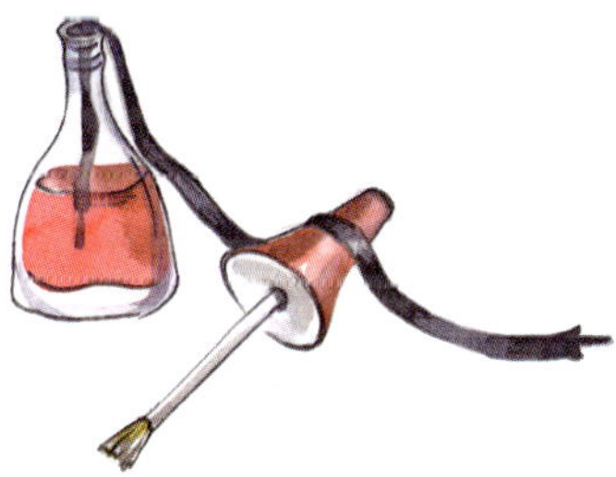

Schokoladenflecken

Durch Schokoladenflecken verschmutzte Kleidung braucht man nicht unbedingt sofort in die Reinigung zu bringen. In der Regel reicht es aus, die Kleidung mit Vollwaschmittel zu waschen. Auf jeden Fall sollten Sie die Wäsche nicht kochen.

Schokoladenglasur

Die Schokoladenglasur für Kuchen und Plätzchen müssen Sie nicht fix und fertig kaufen, sondern können Sie preiswert und unproblematisch selbst herstellen. Schmelzen Sie einfach 100 g Schokolade und 20 g Palmin im Wasserbad und verrühren Sie beides, fertig!

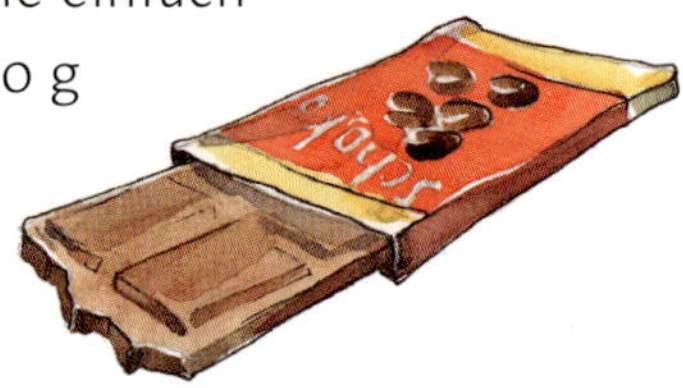

Schokoladenzwieback

Den teuren Schokoladenzwieback aus dem Supermarkt kann man leicht selbst herstellen. Einfach preiswerte Zartbitterschokolade im Wasserbad schmelzen und mit einem Messer auf den Zwieback streichen. Schokolade trocknen lassen und den fertigen Schokozwieback in einer Blechdose aufbewahren.

Schubladen

Wenn Schubladen klemmen, brauchen Sie nicht gleich den Schreiner kommen zu lassen. Wenn Sie die Gleitflächen mit etwas Seife einreiben, lassen sich die Schubladen meist wieder leicht öffnen und schließen.

Schuhanzieher

Ein fehlendes Hilfsmittel zum bequemen Schuhe anziehen ist kein Beinbruch. Anstatt extra etwas dafür zu kaufen, benutzen Sie doch einfach einen Esslöffel. Das funktioniert genauso gut!

Schuhbänder

Dünne Schuhbänder reißen leicht. Wenn Sie die Bänder jedoch vor der ersten Benutzung in essigsaure Tonerde einlegen, werden diese viel stabiler und halten mindestens doppelt so lange.

Schuhbeutel

Alte Hosen sind zu schade zum Wegwerfen. Wenn Sie die Hosenbeine abschneiden, können Sie hieraus mit wenig Aufwand tolle Schuhbeutel für Ihr Reisegepäck schneidern.

Schuhcreme

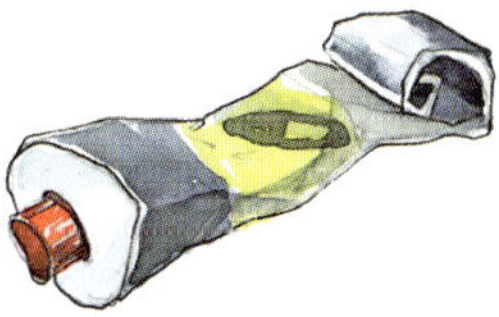

Alte, angetrocknete Schuhcreme brauchen Sie nicht gleich wegzuwerfen. Legen Sie sie einfach kurz in den warmen Backofen oder in die Mikrowelle und sie wird wieder flüssig.

Schuhdeo

Teure Schuhdeodorants braucht man nicht zu kaufen. Wenn Sie kleine Säckchen aus Stoff nähen und die mit Natronpulver aus der Apotheke füllen, haben Sie eine ideale und preisgünstige Alternative. Geben Sie das Säckchen einfach in getragene Turnschuhe & Co. und der unangenehme Geruch verschwindet.

Schuhe

Drückende Schuhe sind kein Grund zum Verzweifeln. Reiben Sie sie an den drückenden Stellen einfach von innen mit Spiritus oder hochprozentigem Alkohol ein und tragen Sie sie ein paar Stunden. Dadurch weitet sich die Stelle und die Schuhe sind gerettet.

Schulzubehör

Schulzubehör wie Schulranzen, Federmäppchen & Co. sind meist nach Beginn des neuen Schuljahres am preiswertesten, da nun die Händler ihre Lager räumen müssen.

Schwämme

Hart gewordene Naturschwämme werden wieder weich, wenn man sie über Nacht in Salzwasser legt und am nächsten Morgen mit klarem Wasser ausspült.

Schweinefleisch

Je heller das Fleisch ist, desto mehr Wasser enthält es. Suchen Sie sich daher an der Fleischtheke immer die dunkelsten Stücke aus. Diese schrumpfen beim Braten nicht so stark zusammen.

Seife

Auf Vorrat gekaufte Seife lässt sich am besten im Kleiderschrank lagern. Der Duft der Seife verflüchtigt sich so nicht, sondern lässt ihre Wäsche zum Nulltarif immer frisch duften. Günstiger Nebeneffekt: Der frische Geruch hält auch Motten von Ihrer Wäsche fern.

Sekt

Schaler Sekt wird wieder spritzig, wenn Sie eine Rosine in die Sektflasche geben. Durch den Zucker bildet sich erneut Kohlensäure und der Sekt wird wieder trinkbar.

Shampoo

Shampooflaschen haben meist einen so großen Ausguss, dass man unfreiwillig mehr Shampoo verwendet als erforderlich. Halten Sie daher Ausschau nach einer leeren Plastikflasche mit kleinem Ausguss und füllen Sie das Shampoo einfach um. Wenn Sie trotzdem noch Schwierigkeiten mit der Dosierung haben, verdünnen Sie das Shampoo am besten zur Hälfte mit Wasser. Dieses macht das Dosieren ebenfalls wesentlich einfacher.

Silber

Angelaufenes Silber erstrahlt in neuem Glanz, wenn Sie die Silberteile in das vom Kochen übrig gebliebene Kartoffelwasser geben. Auch preiswerte Zahnpasta ist ein ideales Poliermittel. Auf teure Spezialreiniger können Sie zur Reinigung in jedem Fall verzichten. Damit das Silber in Zukunft nicht mehr so schnell anläuft, bewahren Sie es einfach zusammen mit einem Stück Tafelkreide auf, das die Feuchtigkeit bindet.

Skiausrüstung

Eine Skiausrüstung ist im Sommer deutlich günstiger zu bekommen als im Winter. Fragen Sie den Sporthändler danach. Meist hat er noch einige besonders günstige Auslaufmodelle im Lager, die er Ihnen zu einem Schnäppchenpreis überlässt.

Sommerware

Sommerware wie Badehosen, Bikinis & Co. sind meist in den Wintermonaten preiswerter als im Sommer. Decken Sie sich also schon frühzeitig und kostengünstig mit den entsprechenden Artikeln ein.

Sonderangebote nutzen

Achten Sie auf Sonderangebote des Lebensmittelhandels. Stellen Sie dann Ihren Speiseplan anhand der zurzeit günstigsten Lebensmittel zusammen. Ein Nebeneffekt dieser Vorgehensweise ist, dass man schon nach kurzer Zeit ein Gefühl für Günstiges und Teures entwickelt.

Sonnen- und Windenergie

Wenn Sie Sonne oder Wind zur Energiegewinnung nutzen, können Sie reichlich Stromkosten sparen. Meist werden solche Anlagen durch Zuschüsse unterstützt. Erkundigen Sie sich bei der Stadtverwaltung oder beim Versorgungswerk.

Spachtelmasse

Um kleine Löcher in der Wand auszubessern, muss man nicht unbedingt teure Spachtelmasse im Baumarkt kaufen. Für das Ausfüllen verwendet man entweder etwas Mehl, das mit wenig Wasser zu einem dicken Brei angerührt wird, oder ein bisschen Zahnpasta.

Spagettitopf

Moderne Spagettitöpfe sind meist hoch geschnitten und haben eine kleine Stellfläche. Hierdurch braucht das Wasser eine halbe Ewigkeit, bis es kocht. Um Energie und Zeit zu sparen, sollten Sie das benötigte Wasser daher im Wasserkocher aufkochen lassen und erst dann in den Kochtopf geben.

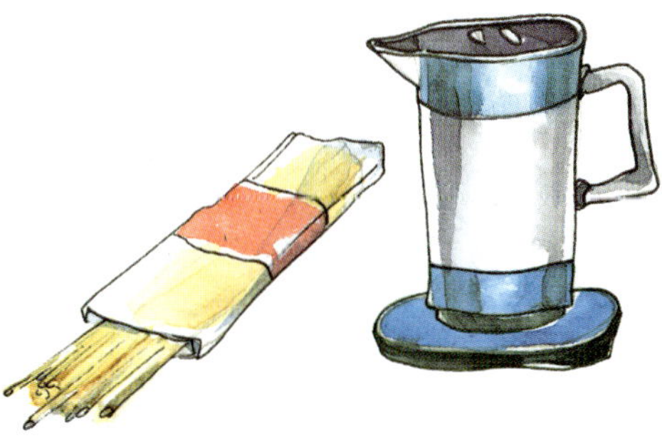

Speiseöl

Speiseöl verdirbt nicht so schnell, wenn Sie ein paar Körnchen Salz dazugeben und die Flasche dunkel lagern.

Spielzeug

Spielzeug für Kinder muss man nicht unbedingt neu kaufen. Erwerben Sie die Sachen doch einfach gebraucht auf dem Flohmarkt oder dem nächsten Kirchenbasar.

Spinatflecken

Durch Spinatflecken verschmutzte Kleidung braucht man nicht unbedingt sofort in die Reinigung zu bringen. In den meisten Fällen hilft es schon, ein wenig Spiritus auf den Fleck zu tropfen und ihn dann vorsichtig abzureiben. Anschließend einfach mit Seifenwasser ausspülen und wie gewohnt waschen. Besonders hartnäckigen Flecken können Sie wirkungsvoll mit Gallseife aus dem Reformhaus zu Leibe rücken.

Spontankäufe

Bei Einkäufen, die Sie nicht schon lange vorher geplant haben, sollten Sie immer gründlich überlegen, ob Sie den gewünschten Artikel auch wirklich benötigen. Wenn Sie sich angewöhnen, generell noch eine Nacht darüber zu schlafen, bewahrt Sie das in den meisten Fällen vor einem unnötigen Fehlkauf, da sich erfahrungsgemäß der Großteil der Spontanbedürfnisse über Nacht in Luft auflöst. Probieren Sie es einfach mal aus!

Sprudelwasser

Leitungswasser hat in der Regel Trinkwasserqualität. Wer es nicht glaubt, kann eine Wasserprobe bei seinem zuständigen Wasserwerk untersuchen lassen. Mit einem handelsüblichen Sodawasserbereiter kann man dann aus dem stillen Wasser Sprudelwasser bereiten. Hierdurch spart man nicht nur bares Geld, sondern auch das lästige Kistenschleppen.

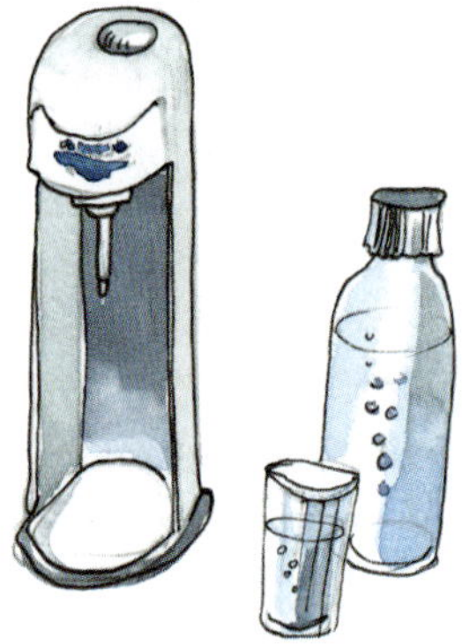

Spüle

Wenn Sie Ihre Küchenspüle aus Edelstahl auf Hochglanz bringen möchten, genügt anstelle eines teuren Spezialmittels auch die Politur mit einer rohen Kartoffelschale. Machen Sie einen Versuch: Nach der Behandlung blitzt und blinkt die Spüle wieder wie neu.

Spülmaschine und Töpfe entkalken

Wenn Sie Ihre Spülmaschine entkalken, so stellen Sie doch zu entkalkende Töpfe direkt mit hinein. So sparen Sie sich das separate Entkalken der Töpfe.

Spülschüssel

Falls Sie Ihr Geschirr von Hand spülen, spülen Sie dieses am kostengünstigsten in einer Spülschüssel aus Plastik anstatt unter fließendem Wasser. So vermeiden Sie, dass teures Nass ungenutzt in den Abfluss läuft.

Stand-by-Funktion

Elektrische Geräte verbrauchen auch in der Stand-by-Funktion Unmengen an elektrischem Strom. Daher gilt: Schalten Sie die Geräte bei Nichtgebrauch immer vollständig aus. Um nicht jedes Gerät einzeln an- und abschalten zu müssen, empfiehlt sich bei Gerätekombinationen (z. B. Fernseher und DVD-Player) eine abschaltbare Steckerleiste, die Sie mit einem praktischen Kippschalter bequem an- und ausstellen können.

Staubsaugerbeutel

Volle Staubsaugerbeutel kann man ohne Probleme mehrfach verwenden. Eine besonders preiswerte Lösung gibt es für denjenigen, der mit einer Nähmaschine gesegnet ist. Einfach einen Papierbeutel als Vorlage für einen Beutel aus festem Stoff nehmen und nachnähen. Mit einem zusätzlich eingenähten Reißverschluss lässt sich der Beutel immer wieder problemlos leeren.

Stiefelspanner

Anstelle eines Stiefelspanners hält eine zusammengerollte Zeitung Ihre Stiefel genauso in Form wie ein teurer Spezialartikel. Einfach die Zeitung fest zusammenrollen und in die Stiefel stecken.

Straßenkarten

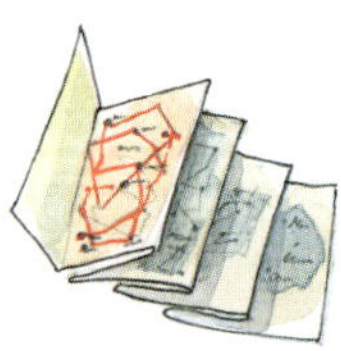

Eine aktuelle Straßenkarte erhalten Sie meist von Ihrem Automobilklub umsonst. So sparen Sie sich das Geld für einen neuen Autoatlas. Außerdem kann man kostenlos Wegbeschreibungen aus dem Internet ausdrucken. Einfach den Suchbegriff „Straßenkarte“ eingeben und los geht's!

Strompreise

Obwohl die Strompreise zum Leidwesen der Verbraucher gerade erst wieder erhöht worden sind, lohnt sich die Mühe, Ihren derzeitigen Stromanbieter mal preislich mit anderen zu vergleichen. Das Internet bietet Ihnen die bequemste und einfachste Möglichkeit, nach dem günstigsten Anbieter zu suchen. Wenn Sie sich für den Wechsel zu einem anderen Anbieter entschieden haben, ist dies in der Regel kein großer Aufwand und leicht zu bewerkstelligen.

Stromverbrauch

Um herauszufinden, wie viel Strom ein einzelnes Elektrogerät tatsächlich verbraucht, bieten Heimwerkermärkte und Elektroabteilungen der Warenhäuser so genannte „Stromverbrauchsmessgeräte“ an. Mit diesen praktischen Helfern lässt sich ganz einfach prüfen, wie viel Strom das entsprechende Gerät in 24 Stunden verbraucht. In vielen Fällen gelingt es auf diese Weise, heimliche „Stromfresser“ (wie beispielsweise den uralten Kühlschrank) zu entlarven. So können Sie rechtzeitig handeln und das alte Gerät durch ein stromsparenderes Neugerät ersetzen.

NUR Billiger Sparen

Strümpfe

Wenn Sie Strümpfe kaufen, so kaufen Sie am besten immer mehrere Paare im gleichen Design. Geht ein Strumpf kaputt, haben Sie auf diese Weise immer noch einen Reservestrumpf parat und Sie brauchen nicht gleich ein ganzes Paar wegzuwerfen.

Supermarkt

Supermärkte bieten ein komplettes Sortiment an Lebensmitteln und sonstigen Artikeln für den täglichen Bedarf an. Diesen Service für den bequemen Kunden lassen sich die Unternehmen aber auch teuer bezahlen. Wenn Sie Ihre Einkäufe hingegen aufteilen und das Brot beim Bäcker, Obst und Gemüse auf dem Markt und Hygieneartikel in der Drogerie kaufen, kommen Sie in der Regel finanziell wesentlich günstiger weg.

Noch ein Tipp: Die teuersten Produkte stehen meist in Augenhöhe und in den Regalen auf der rechten Seite. In den unteren Regalen finden Sie oft die preiswerteren, aber nicht weniger guten Artikel. Richten Sie deshalb Ihr Augenmerk stets auch auf die unteren Regale und dort ganz besonders auf die links platzierten Waren.

Aktionspreis

Reduziert Preissenkung

Tabak

Ausgetrockneten Tabak brauchen Sie nicht wegzuwerfen. Er wird wieder frisch, wenn Sie ein paar Apfel- oder Kartoffelstückchen mit in die Packung hineinlegen.

Tageszeitung

Im Teletext Ihres Fernsehers oder im Internet finden Sie die gleichen Berichte über aktuelle Tagesereignisse wie in der Tagespresse. Überlegen Sie einmal, ob es wirklich notwendig ist, zusätzlich noch eine Tageszeitung zu abonnieren. Falls Sie auf die Zeitung nicht verzichten können und Sie sie beispielsweise während Ihrer Frühstückspause im Betrieb lesen, überlegen Sie doch gemeinsam mit Ihren Kollegen, ob nicht eine Zeitung im Pausenraum für alle reicht. Die Kosten lassen sich ja unproblematisch teilen.

Tapeten

Um Tapeten von der Wand zu lösen, braucht man kein teures Spezialmittel. Wenn Sie einfach einen Schuss Spülmittel in warmes Wasser geben und die alte Tapete damit einstreichen, löst sie sich wie von selbst.

Tauchsieder

Verkalkte Tauchsieder werden wie neu, wenn man sie in Essigwasser auskocht.

Tauschringe

Sie können gut tapezieren und stricken, haben aber von verstopften Abflüssen keine Ahnung? Das ist die ideale Voraussetzung, um Ihre Strick- und Tapezierkünste in einem Tauschring anzubieten. In Tauschringen wird Dienstleistung gegen Dienstleistung ohne Geld getauscht. Entsprechende Tauschringe finden Sie im Internet. Sie werden staunen, wie viel Geld Sie durch eine solche Mitgliedschaft sparen können.

Tee

Tee in Teebeuteln ist teurer als loser Tee, den Sie dann mit einem Teefilter, einem Teeei oder einer Teezange aufbrühen. Nebenbei bemerkt ist der lose Tee meist sogar wesentlich aromatischer, sodass sich das Umsteigen auch aus kulinarischen Gesichtspunkten lohnt. Falls Sie dennoch auf Teebeutel nicht verzichten wollen, sollten Sie bedenken, dass Sie diese meist mehrmals ohne großen Qualitätsverlust aufbrühen können.

Teeflecken

Durch Teeflecken verschmutzte Kleidung braucht man nicht unbedingt sofort in die Reinigung zu bringen. Am besten geben Sie die Kleidung so bald wie möglich in die Waschmaschine und waschen sie wie gewohnt. Jedwede sonstige Behandlung macht den Fleck oft nur schlimmer.

Telefonanschluss

Wenn Sie bei einem Umzug auf die Zuteilung einer neuen Telefonnummer verzichten und die Rufnummer Ihres Vormieters übernehmen, können Sie bei den Anschlussgebühren ein paar Euro sparen.

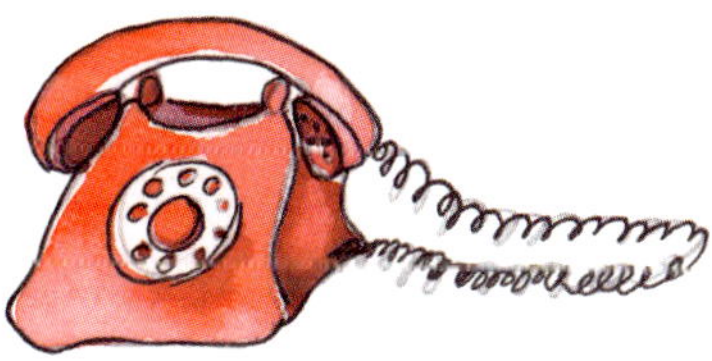

Telefongebühren

Mit vorgewählten „Billigvorwahlen“ zahlen Sie meist nur einen Bruchteil der üblichen Telefongebühren. Dies gilt insbesondere für Ferngespräche und Telefonate ins Ausland. Erkundigen Sie sich im Internet oder Teletext nach den entsprechenden Vorwahlen.

Textilerfrischer

Textilerfrischer sind teuer. Um verqualmte Kleidung nach einem Kneipenbesuch wieder „aprilfrisch“ zu machen, können Sie ein solches Spray leicht selbst herstellen. Füllen Sie einfach eine Sprühflasche mit Wasser und geben Sie zwei Dosierkappen Weichspüler dazu.

Thermoskannen

Schmutzige Vasen und Thermoskannen lassen sich preiswert mit einer rohen Kartoffel reinigen. Einfach das Gefäß mit heißem Wasser füllen und eine rohe Kartoffel in möglichst kleinen Stücken hineinschneiden. Über Nacht stehen lassen, ausspülen, sauber!

Tiefkühlkost

In der Gefriertruhe verliert man leicht den Überblick. Dies führt dazu, dass man häufig neue Vorräte anlegt, obwohl noch Reserven an bestimmten Lebensmitteln vorrätig sind. Legen Sie daher eine Inventarliste für die Kühltruhe an, in der Sie über den aktuellen Bestand Buch führen. So können die Lebensmittel nicht mehr ungenutzt verderben.

Tierhaare

Tierhaare auf Polstermöbeln müssen nicht unbedingt mit einer teuren Spezialbürste entfernt werden. Ein angefeuchteter Nylonstrumpf oder auch ein Stück Klebeband entfernen die lästigen Haare problemlos.

Tierpension

Um sich die Ausgaben für eine Tierpension für Ihren Vierbeiner während des Urlaubs zu sparen, erkundigen Sie sich doch beim Tierschutzbund nach der Adresse eines „Tiersitters", der während der Urlaubswochen auf Ihren Hausgenossen aufpasst. Meist handelt es sich um ein Tauschgeschäft, das Sie wieder ausgleichen können, indem Sie im Gegenzug auch mal auf das Tier Ihres Tauschpartners aufpassen. Auf diese Weise bleibt das Ganze für beide Seiten kostenfrei.

Tierstreu

Tierstreu brauchen Sie nicht zu kaufen. In jeder Tischlerei fallen täglich riesige Mengen an Holzspänen und Sägemehl als Abfall an. Der Tischlermeister wird Ihnen daher für die Abnahme obendrein noch dankbar sein.

Tinte

Wenn Tinte dickflüssig geworden ist, brauchen Sie sie nicht wegzuschütten. Fügen Sie einfach etwas Essig hinzu und die Tinte wird wieder gebrauchsfähig.

Tintenflecken

Durch Tintenflecken verschmutzte Kleidung braucht man nicht unbedingt sofort in die Reinigung zu bringen. In den meisten Fällen hilft es, kleine Flecken mit einem üblichen „Tintenkiller“ wegzukillern. Größere Flecken werden am besten sofort mit Wasser und Waschmittel ausgewaschen.

Tintenpatronen

Tintenpatronen für den Schulfüller lassen sich mithilfe von Spritze und Nadel leicht wieder befüllen. Spritze und Nadel (eine so genannte Kanüle) bekommt man in jeder Apotheke oder von seinem großzügigen Haus- und Hofarzt. Tinte im Tintenfass bekommt man im Schreibwarenhandel.

Tischtennisbälle

Eingedrückte oder verbeulte Tischtennisbälle nach einem aufopferungsvollen Match braucht man nicht gleich wegzuwerfen. Sie müssen die Tischtennisbälle einfach nur in kochendes Wasser legen. Sie werden sehen: Schon in Sekundenschnelle haben die Bälle wieder ihre ursprüngliche Form.

Toastbrot

Toastbrot fängt schnell an zu schimmeln. Damit das Brot nicht so schnell verdirbt, frieren Sie es einfach ein. Die einzelnen Scheiben lassen sich problemlos entnehmen und können unaufgetaut in den Toaster gegeben werden.

Toilettenpapier

Hier gilt die Devise: Meist taugt das billigste nichts, denn je dünner das Papier, desto höher der Verbrauch. Gönnen Sie sich also ruhig das etwas bessere, mehrlagige Papier, das zum einen reißfester und zum anderen hautfreundlicher ist.

Toilettenspülung

Meist ist die komplette Füllung des Toilettenkastens zur Spülung der Toilette nicht erforderlich. Ersetzen Sie Ihren Spülkasten daher entweder um einen mit einer Stopp- oder Dreiviertellitertaste oder geben Sie gefüllte Wasserflaschen in den Spülkasten, um durch die Wasserverdrängung das Spülvolumen des Kastens zu reduzieren. Wenn man bedenkt, dass ca. $^1/_3$ des Wasserverbrauchs eines Privathaushaltes durch die Toilettenspülung verursacht wird, wird schnell klar, wie viel Sie hier sparen können.

Tomaten

Weich gewordene Tomaten braucht man nicht wegzuwerfen. Sie werden wieder fester, wenn man sie in kaltes Wasser legt.

Trockenkräuter

Getrocknete Kräuter wie Majoran, Oregano & Co. haben größere Würzkraft, wenn Sie sie vorher zwischen den Handflächen zerreiben. Wenn Sie die Trockenkräuter so vorbehandeln, brauchen Sie viel weniger davon und die Speisen werden wesentlich aromatischer.

Trockner

Sie können erheblich Stromkosten sparen, wenn Sie ein Frotteehandtuch mit in den Wäschetrockner geben. Hierdurch wird die Wäsche schneller trocken, da überschüssige Flüssigkeit von dem Handtuch aufgesaugt wird.

Überweisungen

Wer seine Überweisung am Bankschalter abgibt, zahlt meist reichlich Gebühren dafür. Billiger ist es, seine Überweisungen entweder per Onlinebanking oder am Selbstbedienungsterminal der Bank selbst vorzunehmen.

Umzugskartons

Umzugskartons müssen Sie nicht extra für teures Geld kaufen. Sie können sich doch in jedem Supermarkt damit eindecken! Und der Supermarktleiter freut sich auch noch, wenn Sie so viel wie möglich von den leeren Kartons, in denen frische Waren geliefert worden sind, mitnehmen.

Undichte Regenschirme

Wenn Regenschirme mit der Zeit wasserdurchlässig werden, brauchen Sie sie nicht mit einem teuren Imprägniermittel zu behandeln. Tränken Sie die Bespannung des Schirms mit essigsaurer Tonerde aus der Apotheke, und der Schirm wird wieder dicht und schützt Sie noch vor so manchem Weltuntergang.

Ungeziefer

Da die meisten Arten von Ungeziefer frostempfindlich sind, lassen sich Textilien in der Gefriertruhe wirksam von Ungeziefer befreien. In frostigen Winternächten können Sie zudem auch Garten oder Balkon im Kampf gegen Milben & Co. nutzen. So befreien Sie größere Einrichtungsgegenstände wie Teppiche und Polstermöbel darüber hinaus noch ökologisch von den geselligen Mitbewohnern.

Untersetzer

Alte CDs braucht man nicht wegzuwerfen. Wenn man sie mit etwas Filz beklebt, eignen sie sich hervorragend als Getränkeuntersetzer für die nächste Party.

Urlaubskasse

Versuchen Sie, am Urlaubsort recht schnell Bekanntschaften zu machen. Fast immer gibt es bei Urlaubsaktivitäten für mehrere Personen einen Gruppenrabatt. Und die meisten Dinge machen in der Gruppe doch sowieso mehr Spaß als alleine. Insbesondere bei Eintrittsgeldern, dem Skilift usw. können Sie mit einem solchen Rabatt viel Geld sparen und auf diese Weise Ihre Urlaubskasse entlasten.

Vanillezucker

Echter Vanillezucker ist teuer. Man kann ihn jedoch leicht selbst herstellen. Geben Sie einfach zwei Vanilleschoten in ein Schraubglas und füllen Sie es mit Zucker auf. Nach ein paar Wochen ist der Zucker gut aromatisiert und Sie haben einen großen Vorrat.

Vasen

Falls Ihre Vase einen Riss bekommen hat und fortan nicht mehr ganz dicht ist, brauchen Sie sie nicht wegzuwerfen. Sie können den Riss leicht mit etwas geschmolzenem Kerzenwachs abdichten und schon ist die Vase wie neu.

Verblichene Farben

Alte Kleidungsstücke erstrahlen wieder in frischen Farben, wenn Sie sie mit Textilfarbe aus dem Drogeriemarkt frisch einfärben. Auf diese Weise lassen sich ohne viel Aufwand Kosten für neue Kleidung einsparen.

Verderbliche Ware

Leicht verderbliche Produkte wie Fisch, Obst, Gemüse, Brot & Brötchen kosten abends vor Ladenschluss meist nur noch die Hälfte, da die Händler die verderbliche Ware abstoßen müssen. Nutzen Sie Ihre Chance auf ein entsprechendes Schnäppchen kurz vor Ladenschluss!

Verfärbte Socken

Um verfärbte Tennissocken wieder schneeweiß zu bekommen, gibt es einen wirkungsvollen Trick: Legen Sie die Socken vor dem Waschen einfach eine Weile in Boraxwasser ein. Danach werden sich die unschönen Flecken wesentlich leichter mit der Waschmaschine auswaschen lassen.

Versalzene Suppe

Wenn Sie es einmal zu gut mit Ihrer Suppe gemeint haben, geben Sie einfach ein paar rohe, geschälte Kartoffeln hinein und kochen Sie diese mit. Die Kartoffeln entziehen der Suppe nämlich das überschüssige Salz und können vor dem Servieren unproblematisch wieder herausgenommen werden. Eine andere Möglichkeit besteht darin, in die Suppe ein Eiweiß einzuquirlen. Auch dieses bindet Salz und kann, nachdem es geronnen ist, ebenso leicht mit der Schaumkelle wieder entnommen werden.

Verschmutzte Bügeleisen

Verschmutzte Bügeleisen lassen sich ganz leicht reinigen. Bügeln Sie damit einfach über einen in Essig getränkten Lappen. Danach sind die Verschmutzungen meist weg.

Versicherungen überprüfen

Insbesondere wenn Sie als Paar zusammenziehen, sollten Sie unbedingt Ihren Versicherungsstatus überprüfen lassen. Vieles ist oft überflüssig oder doppelt. Unabhängige Hilfestellung bietet Ihnen die örtliche Verbraucherberatung.

Versicherungsbeiträge

Wussten Sie schon, dass Ihr Chef die Möglichkeit hat, Versicherungsbeiträge (z. B. für Ihre Lebensversicherung) direkt von Ihrem Bruttogehalt zu begleichen? Fragen Sie ihn doch einfach mal danach, denn auf diese Weise können Sie eine Menge Sozialbeiträge und Steuern sparen.

Vollbremsung

Lassen Sie Ihren PKW rechtzeitig vor einer roten Ampel ausrollen, anstatt mit Vollgas darauf zuzufahren, um dann eine unnötige Vollbremsung zu machen. Die Spritersparnis durch diese vorausschauende Fahrweise kann Ihnen mehr als 100 Euro im Jahr einbringen.

Wachsflecken

Durch Wachsflecken verschmutzte Textilien braucht man nicht unbedingt sofort in die Reinigung zu bringen. In den meisten Fällen hilft die folgende Methode: Einfach Löschpapier sowohl auf als auch unter den Fleck legen und dann über den Fleck bügeln. Das Wachs wird nun schnell flüssig und im Handumdrehen von dem Löschpapier aufgesaugt.

Wandfarben

Wenn Sie Ihre Wohnung streichen, sollten Sie möglichst helle Farben verwenden. Dunkle Farben reflektieren das Licht wesentlich schlechter und Sie handeln sich damit langfristig einen viel höheren Lampen- und Lichtbedarf ein.

Warenzugaben

Bei manchen Artikeln im Supermarkt befindet sich eine kleine Zugabe an den Artikeln. Bedenken Sie jedoch beim Kauf eines solchen Artikels, dass es diese Zugaben natürlich nicht umsonst gibt. Überschlagen Sie daher stets den Kilopreis der Ware mit und ohne Zugabe und überlegen Sie dann genau, ob die Zugabe diesen Preis wirklich rechtfertigt.

Warme Speisen und Getränke

Stellen Sie auf keinen Fall warme Speisen und Getränke in den Kühlschrank, sondern lassen Sie diese bei Raumtemperatur gründlich abkühlen. Erst danach sollten Sie diese in den Kühlschrank stellen. So können Sie eine Menge Energie sparen.

Wärmflasche

Eine Wärmflasche bleibt länger heiß, wenn Sie dem heißen Wasser einen Teelöffel Salz hinzufügen. Das erspart ständiges Erneuern.

Wäsche waschen

Nachts ist der Strom preiswerter als am Tage, daher sollten Sie Ihre Waschmaschine nicht schon tagsüber, sondern erst abends vor dem Zubettgehen einschalten.

Wäscheklammern

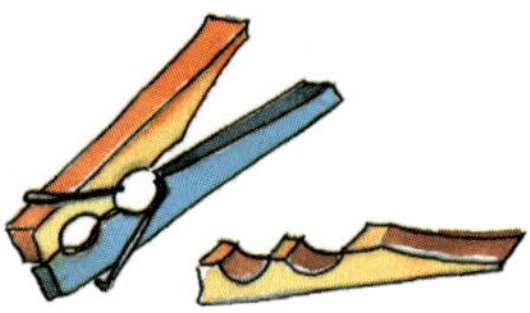

Von einer kaputten Wäscheklammer sollten Sie immer nur den defekten Teil wegwerfen. Die nächste Klammer geht bestimmt bald entzwei. Dann haben Sie zwei intakte Hälften, aus denen sich eine neue Klammer zusammensetzen lässt.

Wäschetrockner

Wäschetrockner verbrauchen Unmengen an Strom. Um den Stromverbrauch auf null zu senken, ist insbesondere in den Sommermonaten die gute alte Wäscheleine ein probates Mittel, um Ihre Stromkosten drastisch zu senken.

Waschmaschine

Waschmaschinen verbrauchen sehr große Mengen an Energie und Wasser, wie man weiß. Aus diesem Grund lohnt es sich auf jeden Fall, den Waschvorgang immer erst zu starten, wenn die Maschinentrommel vollständig gefüllt ist. Die so genannte Spartaste an Ihrer Waschmaschine sollte Sie nicht darüber hinwegtäuschen, dass Sie trotzdem damit überdurchschnittlich viel Wasser und Strom verbrauchen. Also: Lassen Sie Ihre Waschmaschine in Zukunft erst laufen, wenn die Trommel voll ist.

Waschmittel

Viele Hersteller von Waschmitteln bieten Kompaktwaschmittel an, bei denen auf Füllstoffe verzichtet worden ist. Diese brauchen bei gleicher Wirkung eine dementsprechend niedrigere Dosierung. Halten Sie daher die Dosierungsvorschriften ein, um die Umwelt und natürlich auch Ihren Geldbeutel zu schonen.

Waschtemperatur

Viele Kleidungsstücke werden bei 30° C in der Waschmaschine genauso sauber wie bei 60° C. Bedenken Sie daher immer, dass sich die Angabe auf dem Wäscheetikett auf die zulässige Höchsttemperatur und nicht auf die Mindesttemperatur bezieht, mit der Sie die Kleidung waschen können. Auch bei so genannter Kochwäsche reichen in der Regel 60° C anstatt 95° C, um eventuelle Keime in der Wäsche deutlich zu reduzieren.

Wasser

Während Sie Ihre Hände einseifen, sich die Zähne putzen oder aber auch rasieren, sollten Sie den Wasserhahn nicht laufen lassen. Die Wassermenge, die Sie so verschwenden, ist auf das Jahr gerechnet beträchtlich und macht einen großen Posten in Ihrer Nebenkostenabrechnung aus.

Wasser kochen

Heißes Wasser lässt sich am schnellsten und somit am energiesparendsten mit einem Wasserkocher herstellen. Er schlägt Mikrowelle und Herd um ein Vielfaches.

Wasserhähne und Ventile

Tropfende Wasserhähne und undichte Ventile am Toilettenspülkasten verschwenden auf das Jahr gerechnet viel Geld. Je schneller sie repariert sind, desto weniger Geld verschwindet im Abfluss.

Wattepads

Wattepads zur Gesichtsreinigung lassen sich problemlos in der Mitte teilen. Dies bringt gleich zwei Vorteile: Zum einen kommen Sie mit der gleichen Menge doppelt so lange aus und zum anderen saugen die kleineren Pads auch nicht mehr so viel Reinigungsflüssigkeit auf. Somit hält die Reinigungsmilch ebenfalls länger.

Wecker

Im Gegensatz zu einem batteriebetriebenen Kleinwecker verbraucht ein Radiowecker mit Netzkabel viel mehr Strom. Rüsten Sie daher auf einen batteriebetriebenen Kleinwecker um, der meist auch zuverlässiger arbeitet und Sie nicht bei Stromausfall verschlafen lässt.

Weiches Gemüse

Leicht überlagertes Gemüse brauchen Sie nicht wegzuwerfen. Es wird wieder knackig, wenn Sie es in Wasser mit einem Spritzer Essig legen.

Weichspüler

Ausgepresste Zitronenschalen sollten Sie nicht einfach wegwerfen. Wenn Sie die Schalen bei der nächsten Wäsche mit in die Waschmaschine geben, können Sie sich die Zugabe von Weichspüler sparen. Wenn Sie gerade keine Wäsche haben, geben Sie die Schalen einfach mit in die Geschirrspülmaschine, was Ihnen den Klarspülerzusatz spart. In jedem Fall sind sie einfach zu schade zum Wegwerfen!

Weihnachtsartikel

Weihnachtsartikel sind meist im Januar am günstigsten, wenn die Händler die Ware abstoßen müssen, um im Lager Platz zu schaffen. Nutzen Sie die Gelegenheit, um sich für die nächsten Festtage preisgünstig einzudecken.

Weihnachtsgebäck

Damit Weihnachtsgebäck nicht so schnell austrocknet, geben Sie doch einfach eine angeschnittene Möhre oder einen angeschnittenen Apfel mit in die Gebäckdose. Hierdurch bleibt es viel länger frisch.

Weihnachtsgeld

Dass Sie Weihnachtsgeld bekommen haben, weiß auch der Einzelhandel und erhöht in dieser Zeit kräftig die Preise. Wenn Sie bei größeren Anschaffungen ein bis zwei Monate warten, sind die Artikel meist wieder im normalen Preisbereich. Legen Sie daher übriges Weihnachtsgeld zinsträchtig an und verschieben Sie Ihren Einkauf.

Weinreste

Viele Rezepte verlangen einen Schuss Wein, um das Gericht geschmacklich abzurunden. Oftmals lohnt es sich aber nicht, dafür eine neue Flasche Wein zu öffnen. Wenn Sie das nächste Mal Weinreste übrig haben, sammeln Sie diese doch einfach in einem Eiswürfelbehälter. Nun können Sie die Weinreste problemlos einfrieren und portionsgerecht wieder entnehmen.

Werbungskosten

Wer viele Werbungskosten von der Steuer abzusetzen hat, kann beim Finanzamt eine Lohnsteuerermäßigung beantragen. Anstatt ein Jahr später eine Rückzahlung zu erhalten, erhöht sich so der monatliche Nettoverdienst und man kann das übrige Geld mit Zinsgewinn anlegen.

Wildleder

Flecken auf Wildleder sehen oft unansehnlich aus. Mit einem Radiergummi oder einem Stück Sandpapier lassen sich die meisten Flecken jedoch ohne viel Aufwand wegrubbeln und teure Spezialreinigungen einsparen.

Winterware

Winterware wie Geschirr & Co. oder Fondue- und Raclettesets sind meist in den Sommermonaten preiswerter als im Winter. Decken Sie sich also schon frühzeitig und kostengünstig mit den entsprechenden Artikeln ein.

Wolle

Wolle von alten Stricksachen lässt sich gut wieder verwenden. Wenn Sie die alten Sachen auftrennen, können Sie mit Ihren Stricknadeln ein neues Meisterwerk daraus stricken. Leider ist die Wolle oft sehr kraus und lässt sich schlecht verarbeiten. Hier hilft ein einfacher Trick: Wickeln Sie die Wolle fest um ein großes Glasgefäß und füllen Sie es mit heißem Wasser. Einen Tag später ist die Wolle wieder glatt und lässt sich ideal verarbeiten.

Wollpullover

Für die Reinigung von Wollpullovern brauchen Sie kein teures Wollwaschmittel. Shampoo ist wesentlich preiswerter und der Pullover wird genauso weich.

Wurstenden

Wurstenden sind für den Fleischermeister schwer zu verkaufen, da hieraus nicht so schöne Scheiben geschnitten werden konnen. Fragen Sie in der Metzgerei nach solchen „Wurstabfällen“. Sie stehen der restlichen Wurst qualitativ in nichts nach und sind meist viel billiger zu bekommen.

Zahnbürste

Alte Zahnbürsten sind zu schade zum Wegwerfen. Nutzen Sie sie, um schlecht erreichbare Stellen in Küche und Bad damit zu putzen, Ihren Nassrasierer oder auch schmale Blumenvasen damit zu reinigen. Insbesondere auch bei der Reinigung von Armaturen und Abflüssen im Bad werden Sie sie bald nicht mehr vermissen wollen.

Zahnpastaflecken

Durch Zahnpastaflecken verschmutzte Kleidung braucht man nicht unbedingt sofort in die Reinigung zu bringen. Meist reicht es, wenn Sie versuchen, den frischen Fleck schnell abzukratzen und die Kleidung dann sofort zu waschen.

Zahnpastatuben

Eine Zahnpastatube kann man einfach nicht ganz leer drücken. Wenn Sie dagegen die scheinbar leer gedrückte Tube mit einer Schere aufschneiden, werden Sie sehen, dass der Inhalt noch für zwei bis drei Anwendungen reicht. Damit dieser Rest nicht austrocknet, bewahren Sie die aufgeschnittene Tube einfach in einer Plastiktüte auf. Dies gilt übrigens auch für Tagescremes oder Make-up.

Zahnspangen

Zahnspangen brauchen nicht unbedingt mit einem teuren Spezialmittel gereinigt zu werden. Wenn Sie einem Glas Wasser einen Teelöffel Natron aus der Apotheke hinzufügen, reinigt dieses die Zahnspange über Nacht genauso.

Zahnweiß

Aufhellende Zahnpflegemittel sind meist sehr teuer. Preiswerter geht es, wenn Sie die Zähne hin und wieder mit Zitronensaft, Backpulver oder etwas Salz putzen. So gibt es das strahlende Lächeln fast zum Nulltarif.

Zeitschriften

Aktuelle Zeitschriften können Sie auch zum Nulltarif in der Bücherei lesen. In den meisten Büchereien liegt eine Vielzahl an aktuellen Zeitschriften aus, die kostenlos eingesehen werden können.

Zeitungen

Alte Zeitungen sind zu schade zum Wegwerfen. Sie eignen sich ideal dazu, Ihre Fenster und Spiegel streifenfrei zu reinigen. Hierzu nehmen Sie zuerst feuchtes Papier und reiben später mit trockenem nach. Auch zum Putzen von schwarzen Lederschuhen sind Zeitungen hervorragend geeignet und lassen Ihre Schuhe wie neu glänzen.

Zinn

Statt mit teurem Spezialreinigungsmittel kann man Becher und Teller aus Zinn viel preiswerter mit Bier polieren. Auch dieses bringt den Glanz der edlen Stücke wieder herrlich zum Vorschein.

Zitronenlimonade

Zitronenlimonade lässt sich kostengünstig selbst herstellen: Zitronensaft mit Wasser verdünnen, einen Löffel Natron aus der Apotheke dazugeben und mit Süßstoff oder Zucker abschmecken. Preiswert und gut!

Zitronensaft

Viele Kochrezepte verlangen einen „Spritzer“ Zitronensaft zur geschmacklichen Abrundung. Anstatt eine ganze Zitrone dafür auszupressen und den Rest ungenutzt wegzuwerfen, stechen Sie diese einfach nur mit einem Zahnstocher an und pressen den Spritzer Zitronensaft aus der Öffnung. Anschließend stecken Sie den Zahnstocher wieder in die Öffnung und die Zitrone ist bis zum nächsten Gebrauch versiegelt.

Zitronenschalen

Ausgepresste Zitronenschalen sollte man nicht wegwerfen. Wenn sie ungespritzt sind, kann man sie dünn abreiben und trocknen, um sie später für Desserts oder Kuchen zu verwenden.

Zitrusfrüchte

Wenn Sie Zitrusfrüchte wie Orangen, Zitronen und Limetten in Seidenpapier einwickeln, bleiben sie länger frisch. Sollten Sie gerade kein Seidenpapier zur Hand haben, legen Sie die Früchte einfach in eine Schüssel mit frischem Wasser. Auch so bleiben sie bis zu einen Monat lang frisch.

Zuckertütchen

Wenn Sie im Restaurant einen Kaffee trinken und die beiliegende Zuckertüte nicht verbrauchen, nehmen Sie diese auf jeden Fall mit. Mit der Zeit werden Sie so eine anschauliche Sammlung an unterschiedlichsten Zuckertütchen besitzen, die sich in einem hübschen Schälchen auf jeder Kaffeetafel gut macht und jeden Zuckerstreuer vom Design her übertrifft. Insbesondere bei Reisen in ferne Länder sind die Tütchen ein preiswertes und schönes Souvenir.

Zwiebelkraut

Schnittlauchpflanzen aus dem Supermarkt sind teuer. Genauso gut und schmackhaft ist selbst gezogenes Zwiebelkraut. Anstatt eine keimende Zwiebel einfach wegzuwerfen, pflanzen Sie sie doch einfach in einen Topf mit etwas Blumenerde. Schon nach ein paar Tagen können Sie das schnittlauchähnliche Zwiebelkraut ernten, für das es in der Küche vielfältige Anwendungsmöglichkeiten gibt.

Zwiebeln

Es gibt eine einfache und praktische Aufbewahrungsmethode, bei der sich Zwiebeln wesentlich länger halten und nicht so schnell anfangen zu keimen. Dazu müssen Sie die Zwiebeln einfach nur einzeln in Alufolie verpacken, fertig!
Eine bereits angeschnittene Zwiebel hält sich ebenfalls länger, wenn Sie die Schnittstelle mit etwas Butter oder Margarine einpinseln und danach mit der Schnittstelle nach unten auf einen Teller legen.

Zwischenhändler

Zwischenhändler beim Auto- oder Immobilienkauf sollten Sie möglichst meiden, um nicht unnötig Provision zu zahlen. Versuchen Sie daher insbesondere bei größeren Anschaffungen, von privat zu kaufen. Angebote finden Sie ausreichend in der Tageszeitung und im Internet. Besonders lukrativ ist dies bei Immobilien oder Autos, aber auch bei der Anmietung einer Ferienwohnung ist der direkte Weg meist der günstigste.

Genehmigte Lizenzausgabe
EDITION XXL GmbH
Fränkisch-Crumbach 2006
www.edition-xxl.de

Layout und Satz: Sonja Sammüller
Illustrationen: Olga Malkovskaja

ISBN 3-89736-904-4